小微企业税费优惠操作指南系列丛书

小微企业纳税申报一本通

《小微企业纳税申报一本通》编写组　编

中国税务出版社

图书在版编目（CIP）数据

小微企业纳税申报一本通 /《小微企业纳税申报一本通》编写组编. -- 北京：中国税务出版社，2022.6
（小微企业税费优惠操作指南系列丛书）
ISBN 978-7-5678-1206-2

Ⅰ. ①小… Ⅱ. ①小… Ⅲ. ①中小企业－企业管理－税收管理－中国 Ⅳ. ① F812.423

中国版本图书馆 CIP 数据核字（2022）第 040316 号

丛 书 名：小微企业税费优惠操作指南系列丛书
书　　名：小微企业纳税申报一本通
作　　者：《小微企业纳税申报一本通》编写组　编
责任编辑：张　赛
责任校对：姚浩晴
技术设计：刘冬珂
出版发行：中国税务出版社
北京市丰台区广安路 9 号国投财富广场 1 号楼 11 层
邮政编码：100055
网址：https:// www.taxation.cn
投稿：https:// www.taxation.cn/qt/zztg
发行中心电话：（010）83362083/85/86
传真：（010）83362047/48/49
经　　销：各地新华书店
印　　刷：保定市中画美凯印刷有限公司
规　　格：787 毫米 ×1092 毫米　1/16
印　　张：15.25
字　　数：226000 字
版　　次：2022 年 6 月第 1 版　2022 年 6 月第 1 次印刷
书　　号：ISBN 978-7-5678-1206-2
定　　价：42.00 元

编者说明

小微企业是稳经济的重要基础、稳就业的重要支撑。近年来，党中央、国务院高度重视小微企业发展，出台了一系列税费支持政策，持续加大减税降费力度，助力小微企业降低经营成本、缓解融资难题。2022年，党中央、国务院根据经济发展形势，实施新的组合式税费支持政策，进一步加大对小微企业的扶持力度，为广大小微企业发展壮大再添助力。2022年《政府工作报告》指出：延续实施扶持小微企业的减税降费政策，并提高减免幅度、扩大适用范围；优先安排小微企业留抵退税。

为了各项税费支持政策和创新服务举措能够及时惠及小微企业，我们从小微企业办理税费业务的视角，精心编写了小微企业税费优惠操作指南系列丛书。本丛书包括《小微企业税费优惠一本通》《小微企业信息报告和发票使用一本通》《小微企业纳税申报一本通》，涵盖小微企业税费业务、办理规定、优惠政策、纳税申报操作等关心和常见涉税事项，指引小微企业明白办税、便捷办税，充分享受税费优惠政策红利。

本丛书具有以下特点：一是政策新，依据新的组合式税费支持政策、纳税服务规范等规定编写；二是容易懂，从开办到清算，用情景故事串联涉税事项，用案例问答明确政策运用；三是直接用，涉税知识全面详尽、办税资料一目了然，是小微企业便捷办税的“好帮手”。

需要说明的是，本丛书所涉政策文件截至2022年4月30日。在实际操作中，请以最新政策和税务机关的解释为准。

编　者

目录
Contents

1　纳税申报概述

2　经常性申报事项

4 特殊申报事项

5 证明开具

1 纳税申报概述

李小微和王小税是大学好友。李小微从小就表现出商业天赋，大学时靠着“代取快递”“寝室便利店”业务，成为校园里的小老板，毕业后一直在寻找好的创业项目。王小税学习认真，做事仔细，毕业后通过公务员考试成为一名税务干部。最近，终于决定了创业方向的李小微注册了自己的公司，虽然规模不大，但也踌躇满志地踏上了创业之旅，并且在好友王小税的耐心指导下，仅去了一次办税服务厅，就顺利办理了从登记信息确认到发票领用的一系列业务，体验了一把“税务速度”。终于，李小微的公司万事俱备，就等开业大吉了。

看着新领的营业执照，李小微心里美滋滋的，他的公司终于有了“身份证”。他记得电视上的公益广告上说“教育、医疗这些重大的民生项目都离不开税收的支持”，心想：现在咱也是老板了，要为社会做些贡献才行。但看着《税务事项通知书》中主管税务机关核定的税种，李小微又犯了愁。“增值税？个人所得税？企业所得税？这我哪懂啊！”琢磨了半天，他还是没有头绪，看来还是得找王小税好好请教一番。

王小税听明白李小微的困惑后，说道：“不想懂税的老板可当不好创业者。不过，每笔业务涉及的税费不一样，学习纳税申报的第一步需要掌握各种税费的基本规定。咱们先别急着填申报表，让我先带你认识一下与你的企业经营相关的税费都有哪些。熟悉了地图还怕找不着北？掌握了纳税申报的基本规定，再看单一税种的申报就是小菜一碟啦！”

纳税人、扣缴义务人在发生法定纳税义务后，应当依照法律、行政法规规定或者税务机关依照法律、行政法规的规定确定的申报期限、申报内容如实办理纳税申报，报送纳税申报表、财务会计报表以及税务机关根据实际需要要求纳税人报送的其他纳税资料。

从事生产经营活动的小微企业领取营业执照后，在首次办理发票事项或首次申报缴税等涉税事项前，需要将新办纳税人法定义务事项向税务机关报告。税务机关根据小微企业的生产经营范围和发生的应税行为，进行税（费）种认定，并发放《税务事项通知书》［税（费）种认定通知］。如果小微企业的生产经营情况发生变化的，应当及时向税务机关报告，涉及税（费）信息变更的，税务机关会适时对其调整。

《税务事项通知书》［税（费）种认定通知］的内容包括应当申报缴纳的税（费）、申报期限、纳税缴费期限、税率或单位税额、预算分配比例等。小微企业可以通过《税务事项通知书》［税（费）种认定通知］了解自身的纳税申报义务。例如，应当办理哪些税（费）的申报？这些税（费）多长时间申报一次？这些税（费）应当在多长期限内申报？具体适用什么税率或单位税额是多少？

小微企业主可以参考《企业组织形态与应申报税（费）关系对照表》（见表 1–1），根据自身生产经营情况“对号入座”。

表 1-1　　企业组织形态与应申报税（费）关系对照表

税（费）	企业类型	
	公司	独资企业、合伙企业
增值税	●	●
消费税	○	○
城市维护建设税	●	●
教育费附加及地方教育附加	●	●
企业所得税	●	—
个人所得税	●	●
资源税	○	○
契税	○	○
房产税	○	○
城镇土地使用税	○	○
耕地占用税	○	○
土地增值税	○	○
印花税	●	●
车船税	○	○
车辆购置税	○	○
环境保护税	○	○
文化事业建设费	○	○
残疾人就业保障金	●	●
工会经费	●	●
废弃电器电子产品处理基金	○	○

注：1.《中华人民共和国公司法》《中华人民共和国中外合作经营企业法》《中华人民共和国中外合资经营企业法》《中华人民共和国外资企业法》《中华人民共和国个人独资企业法》等法律及有关法规规定，按照企业的资本构成、企业的责任形式和企业在法律上的地位不同，企业法定分类的基本形态主要是独资企业、合伙企业和公司，这一法定分类的基本形态与所得税纳税主体相匹配，因此按照企业法定分类的基本形态来建立生产经营活动与应申报税（费）之间的关联关系。

2. 表格中所涉及的税（费），"●"表示经常性申报项目，"○"表示条件性申报项目。

3. 部分省（市）税务机关未代征工会经费，企业仍按原渠道申报工会经费。此表按照全国普遍情况列示。

1.1 纳税申报的基本规定

1.1.1 纳税人（缴费人）的基本规定

纳税人是依照税收实体法的规定，依法负有纳税义务的单位或者个人。根据不同税收实体法对课税对象规定的不同，不同税（费）的纳税人也有区别。以下是根据小微企业的生产经营情况，归集的相关税（费）[①] 实体法对纳税人的基本规定。

1.1.1.1 增值税

在中华人民共和国境内销售货物或者提供加工、修理修配劳务，销售服务、无形资产、不动产以及进口货物的单位和个人是增值税的纳税人，应当按照规定的期限向税务机关办理增值税纳税申报。

1.1.1.2 消费税

在中华人民共和国境内生产、委托加工和进口《中华人民共和国消费税暂行条例》规定的消费品的单位和个人，以及国务院确定的销售规定消费品的其他单位和个人是消费税的纳税人，应当按照规定的期限向税务机关办理消费税纳税申报。

消费税具体的征税税目为：烟，酒，高档化妆品，贵重首饰及珠宝玉石，鞭炮、焰火，成品油，小汽车，摩托车，高尔夫球及球具，高档手表，游艇（机动艇），木制一次性筷子，实木地板，涂料，电池。

消费税的纳税环节包括生产、委托加工、进口、零售四个环节，其中生产、进口除金银首饰、钻石及钻石饰品外应税消费品的单位或个人在生产、进口环节申报缴纳消费税。金银首饰、钻石及钻石饰品消费税由零售单位或个人在零售环节申报缴纳；受托加工应税消费品的单位在受托加工

---

① 由于我国小微企业生产经营较少涉及烟叶税、关税、船舶吨税，故本书中未对烟叶税、关税、船舶吨税进行描述。

环节代收代缴消费税；超豪华小汽车在零售环节加征一道消费税；从事卷烟批发的单位或个人在批发环节也需要申报缴纳消费税。

1.1.1.3　城市维护建设税

在中华人民共和国境内缴纳增值税、消费税的单位和个人，为城市维护建设税的纳税人。在申报缴纳增值税、消费税时，须一并申报缴纳城市维护建设税。

1.1.1.4　教育费附加及地方教育附加

在中华人民共和国境内缴纳增值税、消费税的单位和个人，为教育费附加及地方教育附加的缴费人。在申报缴纳增值税、消费税时，须一并申报缴纳教育费附加及地方教育附加。

1.1.1.5　企业所得税

在中华人民共和国境内的企业和其他取得收入的组织是企业所得税的纳税人，应按照规定的期限向税务机关办理企业所得税纳税申报。

个人独资企业不具有法人资格，应缴纳个人所得税（经营所得）。

合伙企业以每一个合伙人为纳税义务人。合伙企业合伙人是自然人的，缴纳个人所得税；合伙企业是法人和其他组织的，缴纳企业所得税。

1.1.1.6　个人所得税（经营所得）

个人独资企业、合伙企业的投资人、合伙人（投资人、合伙人为企业的除外）是个人所得税经营所得的纳税人，应就其从企业获得的生产经营所得按照规定的期限向税务机关申报办理经营所得个人所得税申报。

1.1.1.7　资源税

在中华人民共和国领域和中华人民共和国管辖的其他海域开发应税资源的单位和个人是资源税的纳税人，应按照规定的期限向税务机关办理资源税纳税申报。

资源税的应税矿产品包括：

（1）能源矿产：原油、天然气、页岩气、天然气水合物、煤成（层）气、铀、钍、地热的原矿，煤、油页岩、油砂、天然沥青、石煤的原矿或者选矿。

（2）金属矿产：铁、锰、铬、钒、钛等黑色金属矿的原矿或者选矿，铜、铅、锌、铝土矿等有色金属矿的原矿或者选矿，钨、钼、轻稀土等有色金属矿的选矿。

（3）非金属矿产：高岭土、石灰岩、磷、石墨等矿产的原矿或者选矿。

（4）水气矿产：二氧化碳气、硫化氢气、氦气、氡气、矿泉水的原矿。

（5）盐：钠盐、钾盐、镁盐、锂盐的选矿，天然卤水的原矿和海盐。

1.1.1.8　契税

在中华人民共和国境内转移土地、房屋权属，承受的单位和个人为契税的纳税人，应按照规定的期限向税务机关办理契税的纳税申报。

1.1.1.9　房产税

产权所有人是房产税的纳税人。产权属于全民所有的，由经营管理的单位缴纳；产权出典的，由承典人缴纳。产权所有人、承典人不在房产所在地的，或者产权未确定及租典纠纷未解决的，由房产代管人或者使用人缴纳。

1.1.1.10　城镇土地使用税

在城市、县城、建制镇、工矿区范围内使用土地的单位和个人是城镇土地使用税的纳税人，应当以其实际占用的土地面积为计税依据，按规定的期限向税务机关办理城镇土地使用税的纳税申报。

1.1.1.11　耕地占用税

在中华人民共和国境内占用耕地建设建筑物、构筑物或者从事非农业建设的单位和个人是耕地占用税的纳税人，应按规定的期限向税务机关办理耕地占用税的纳税申报。

1.1.1.12　土地增值税

转让国有土地使用权、地上建筑物及其附着物（不包括以继承、赠与方式无偿转让房地产的行为）并取得收入的单位和个人是土地增值税的纳税人，应按规定的期限向税务机关办理土地增值税的纳税申报。

1.1.1.13　印花税

在中华人民共和国境内书立应税凭证、进行证券交易的单位和个人是印花税纳税人，应按规定的期限向税务机关办理印花税的纳税申报。应税凭证包括：借款合同、融资租赁合同、买卖合同、承揽合同、建设工程合同、运输合同、技术合同、租赁合同、保管合同、仓储合同、财产保险合同、土地使用权出让书据；土地使用权、房屋等建筑物和构筑物所有权转让书据（不包括土地承包经营权和土地经营权转移）、股权转让书据（不包括应缴纳证券交易印花税的）、商标专用权、著作权、专利权、专有技术使用权转让书据；营业账簿、证券交易。

1.1.1.14　车船税

在中华人民共和国境内，车辆、船舶的所有人或者管理人是车船税的纳税人，应按规定的计税依据和年税额标准申报缴纳车船税。

1.1.1.15　车辆购置税

在中华人民共和国境内购置汽车、有轨电车、汽车挂车、排气量超过150毫升的摩托车的单位和个人是车辆购置税的纳税人，应按规定的期限向税务机关办理车辆购置税的纳税申报。

1.1.1.16　环境保护税

在中华人民共和国领域和中华人民共和国管辖的其他海域，直接向环境排放应税污染物的企业、事业单位和其他生产经营者是环境保护税的纳税人，应按规定的期限向税务机关办理环境保护税的纳税申报。

应税污染物是指《中华人民共和国环境保护税法》规定列入征税范围的大气污染物、水污染物、固体废物和噪声。

1.1.1.17　文化事业建设费

在中华人民共和国境内提供广告服务的广告媒介单位和户外广告经营单位、提供娱乐服务的单位和个人，是文化事业建设费的缴费人，应按规定的期限向税务机关办理文化事业建设费的申报。

1.1.1.18　残疾人就业保障金

未按规定比例（具体比例由各省、自治区、直辖市人民政府根据本地区的实际情况规定）安排残疾人就业的机关、团体、企业、事业单位和民办非企业单位是残疾人就业保障金的缴费人，应按规定的期限向税务机关办理残疾人就业保障金的申报。

1.1.1.19　工会经费

建立工会组织的企业、未建立工会组织的企业、非财政全额拨款事业单位、自收自支事业单位以及其他社会组织应当依照《中华人民共和国工会法》的规定缴纳工会经费（建会筹备金），并在规定期限内向受托代收工会经费的税务机关申报缴纳。

1.1.1.20　废弃电器电子产品处理基金

中华人民共和国境内电器电子产品生产者（包括代加工企业）是废弃电器电子产品处理基金的缴纳义务人，应根据《废弃电器电子产品回收处理管理条例》的规定，按规定期限向税务机关申报缴纳废弃电器电子产品处理基金。

1.1.2　扣缴义务人的基本规定

扣缴义务人是依法从持有的纳税人收入中扣除应纳税款并代为向税务机关申报缴纳的单位和个人。扣缴义务人必须依照法律、行政法规规定或者税务机关依照法律、行政法规规定确定的申报期限、申报内容如实报送代扣代缴、代收代缴税款报告表，以及税务机关根据实际需要要求扣缴义务人报送的其他有关资料。小微企业在生产经营过程中哪些情形需要依法履行代扣代缴、代收代缴义务呢？根据小微企业生产经营情况，相关税（费）实体法对代扣代缴、代收代缴义务人的几种常见规定归集如下。

1.1.2.1　增值税

中华人民共和国境外的单位或个人在境内销售劳务，在境内未设有经营机构的，以其境内代理人为扣缴义务人；在境内没有代理人的，以购买方为扣缴义务人。扣缴义务人在代扣代缴、代收代缴增值税的同时，应代扣代缴、代收代缴随增值税附征的城市维护建设税、教育费附加和地方教育附加。

1.1.2.2　消费税

受托加工应税消费品的单位是消费税的扣缴义务人，应当在向委托方交货时代收代缴消费税，同时代收代缴随消费税附征的城市维护建设税、教育费附加和地方教育附加。

1.1.2.3　企业所得税

非居民企业在中国境内未设立机构、场所的，或者虽设立机构、场所但取得的所得与其所设机构、场所没有实际联系的，应就其来源于中国境内的所得缴纳企业所得税。该类所得应缴纳的企业所得税实行源泉扣缴，以支付人为扣缴义务人。

1.1.2.4 个人所得税

向个人支付工资、薪金所得，劳务报酬所得，稿酬所得，特许权使用费所得，利息、股息、红利所得，财产租赁所得，财产转让所得，偶然所得的单位或者个人，是个人所得税的扣缴义务人。

1.1.2.5 文化事业建设费

中华人民共和国境外的广告媒介单位和户外广告经营单位在境内提供广告服务，在境内未设有经营机构的，以广告服务接受方为文化事业建设费的扣缴义务人。

1.1.3 纳税申报期限的基本规定

小微企业需申报的主要税（费）一般都是以 1 个月或者 1 个季度为 1 个纳税期，自期满之日起 15 日内申报纳税。如果规定期限的最后一日是法定休假日的，以休假日期满的次日为期限的最后一日；在期限内有连续 3 日以上法定休假日的，按休假日天数顺延。小微企业日常生产经营活动中涉及的主要税（费）的申报期限具体见表 1–2。

表 1–2 小微企业日常生产经营活动涉及主要税（费）申报期限

税（费）	申报频度	申报期限
增值税	按月 / 季	期满之日起 15 日内
消费税	按月 / 季	期满之日起 15 日内
城市维护建设税	按月 / 季	期满之日起 15 日内
教育费附加及地方教育附加	按月 / 季	期满之日起 15 日内
企业所得税	按月 / 季预缴，年度汇算清缴	预缴自期满之日起 15 日内，年度汇算清缴在次年 5 月 31 日前
个人所得税（经营所得）	按月 / 季预缴，年度汇算清缴	预缴自期满之日起 15 日内，年度汇算清缴在次年 3 月 31 日前

续表

税（费）	申报频度	申报期限
资源税	按月	期满之日起 15 日内
契税	按次	纳税义务发生之日起 10 日内
房产税	按年征收，分期缴纳	由各省、自治区、直辖市人民政府规定
城镇土地使用税	按年计算，分期缴纳	由各省、自治区、直辖市人民政府规定
耕地占用税	按次	收到自然资源主管部门办理占用耕地手续的书面通知之日起 30 日内
土地增值税	按次或经省、自治区、直辖市和计划单列市税务局规定的期限	按次申报的在合同签订后 7 日内
印花税	按次，或按主管税务机关确定的期限	印花税应当在书立或领受时贴花；实行核定征收印花税的，自纳税期满之日起 15 日内
车船税	按年	由省、自治区、直辖市人民政府规定
车辆购置税	按次	自纳税义务发生之日起 60 日内
环境保护税	按季	期满之日起 15 日内
文化事业建设费	按月 / 季	期满之日起 15 日内
残疾人就业保障金	一般按月缴纳	由省、自治区、直辖市人民政府规定
工会经费	由省、自治区、直辖市人民政府规定	由省、自治区、直辖市人民政府规定
废弃电器电子产品处理基金	按季	期满之日起 15 日内

特别要提醒小微企业的是，应当按照法律法规规定的申报期限办理纳税申报，《中华人民共和国税收征收管理法》第六十二条规定："纳税人未按照规定的期限办理纳税申报和报送纳税资料的，或者扣缴义务人未按照规定的期限向税务机关报送代扣代缴、代收代缴税款报告表和有关资料

的，由税务机关责令限期改正，可以处二千元以下的罚款；情节严重的，可以处二千元以上一万元以下的罚款。”纳税人、缴费人、扣缴义务人未按照规定的期限办理申报和报送资料的还会形成失信记录，将影响纳税信用评价结果。

【案例 1-1】

甲、乙、丙、丁四人共同出资在我国 X 省 Y 市设立了 A 有限责任公司，注册资本 500 万元，租赁 B 公司的一间商铺从事金银首饰的零售业务，从业人数 10 人（无残疾人）。A 公司于 2022 年 7 月 4 日领取了营业执照，7 月 5 日向税务机关申领发票。A 公司首次办理纳税申报时应当申报哪些税（费）？

解析：

A 公司首次申报时应当申报缴纳的税（费）有：增值税、消费税、城市维护建设税、教育费附加及地方教育附加、企业所得税、个人所得税（居民综合所得个人所得税预扣预缴申报）、印花税、工会经费、残疾人就业保障金。增值税小规模纳税人可以选择按月或按季办理增值税纳税申报，A 公司若未办理增值税一般纳税人登记，可选择按季申报，在 10 月征收期办理首次申报，也可选择按月申报，在 8 月征收期内办理首次申报；A 公司若办理增值税一般纳税人登记，在 8 月征收期内办理首次申报。

1. 根据《中华人民共和国增值税暂行条例》第一条的规定，在中华人民共和国境内销售货物或者加工、修理修配劳务，销售服务、无形资产、不动产以及进口货物的单位和个人，为增值税的纳税人，应当依照该条例缴纳增值税。A 公司发生销售货物的行为应当缴纳增值税。

2. 根据《中华人民共和国消费税暂行条例》第一条的规定，在中华人民共和国境内生产、委托加工和进口该条例规定的消费品的单位和个人，以及国务院确定的销售该条例规定的消费品的其他单位和个人，为消费税的纳税人，应当依照该条例缴纳消费税。另《财政部 国家税务总局关于调整金银首饰消费税纳税环节有关问题的通知》[（1994）财税字第95号]规定，经国务院批准，金银首饰消费税由生产销售环节征收改为零售环节征收。A公司从事金银首饰的零售业务应当缴纳消费税。改为零售环节征收消费税的金银首饰范围仅限于：金、银和金基、银基合金首饰，以及金、银和金基、银基合金的镶嵌首饰；铂金首饰；钻石及钻石饰品。但不包括镀金（银）、包金（银）首饰，以及镀金（银）、包金（银）的镶嵌首饰。

3. 根据《中华人民共和国城市维护建设税法》第一条的规定，在中华人民共和国境内缴纳增值税、消费税的单位和个人，为城市维护建设税的纳税人，应当依照规定缴纳城市维护建设税。A公司是增值税、消费税的纳税人，应当按规定缴纳城市维护建设税。

4. 根据《征收教育费附加的暂行规定》第二条的规定，凡缴纳消费税、增值税的单位和个人，除按照《国务院关于筹措农村学校办学经费的通知》的规定，缴纳农村教育事业费附加的单位外，都应当依照该规定缴纳教育费附加。另《财政部关于统一地方教育附加政策有关问题的通知》（财综〔2010〕98号）规定，统一开征地方教育附加，地方教育附加征收标准统一为单位和个人（包括外商投资企业、外国企业及外籍个人）实际缴纳的增值税和消费税税额的2%。A公司是增值税、消费税的纳税人，应当按规定缴纳教育费附加和地方教育附加。

5. 根据《中华人民共和国企业所得税法》第一条的规定，在中华人民共和国境内，企业和其他取得收入的组织为企业所得税的纳税人，依照该法的规定缴纳企业所得税。A公司是在中华人民共和国境内注册登记的有限责任公司，应当按规定缴企业所得税。

6. 根据《中华人民共和国个人所得税法》第九条的规定，个人所得税以所得人为纳税人，以支付所得的单位或者个人为扣缴义务人。另《个人所得税扣缴申报管理办法（试行）》（国家税务总局公告

2018 年第 61 号）第二条规定，扣缴义务人是指向个人支付所得的单位或者个人，扣缴义务人应当依法办理全员全额扣缴申报。A 公司向其雇佣员工支付工资，应当依法办理个人所得税扣缴申报，在代扣税款的次月 15 日内，向主管税务机关报送其支付所得的所有个人的有关信息、支付所得数额、扣除事项和数额、扣缴税款的具体数额和总额以及其他相关涉税信息资料。

7. 根据《中华人民共和国工会法》第四十三条的规定，建立工会组织的企业、事业单位、机关、社会组织按每月全部职工工资总额的 2% 向工会拨缴经费。A 公司应当按全部职工工资总额的 2% 缴纳工会经费。

8. 根据《中华人民共和国印花税法》第二条的规定，营业账簿为应税凭证。根据《印花税税目税率表》，营业账簿的税率为实收资本（股本）、资本公积合计金额的万分之二点五。A 公司设立了记载生产经营活动的财务会计核算账簿，应当按规定在账簿启用时贴花。

9. 根据《残疾人就业条例》第九条的规定，用人单位安排残疾人就业达不到其所在地省、自治区、直辖市人民政府规定比例的，应当缴纳残疾人就业保障金。A 公司员工中无残疾人，应按规定申报缴纳残疾人就业保障金。另《财政部关于调整残疾人就业保障金征收政策的公告》（财政部公告 2019 年第 98 号）第四条规定，自 2020 年 1 月 1 日至 2022 年 12 月 31 日，在职职工总数 30 人（含）以下的企业，暂免征收残疾人就业保障金。A 公司可以享受免征残疾人就业保障金的优惠，需要申请优惠备案。

【案例 1–2】

沿用【案例 1–1】：A 公司的经营规模不断扩大，于 2022 年 9 月 10 日购置一间商铺和一辆小汽车用于日常经营活动。这两笔业务对 A 公司的纳税申报有什么影响？

解析：

因A公司购买商铺及小汽车业务，并取得了商铺所有权，A公司需按次缴纳印花税、契税、车辆购置税，按年计算缴纳车船税、房产税、城镇土地使用税。

1. 根据《中华人民共和国印花税法》第二条的规定，在中华人民共和国境内书立应税凭证、进行证券交易的单位和个人，为印花税的纳税人，应当依照该法规定缴纳印花税。A公司购买商铺，属于该法律列举的产权转移书据的纳税人，应当缴纳印花税。

印花税纳税申报时间。根据《中华人民共和国印花税法》第十六条的规定，印花税按季、按年或者按次计征。实行按季、按年计征的，纳税人应当自季度、年度终了之日起15日内申报缴纳税款；实行按次计征的，纳税人应当自纳税义务发生之日起15日内申报缴纳税款。

2. 根据《中华人民共和国契税法》第一条的规定，在中华人民共和国境内转移土地、房屋权属，承受的单位和个人为契税的纳税人，应当依照该法规定缴纳契税。A公司是该商铺房屋权属的承受单位，应当缴纳契税。

契税纳税申报时间。根据《中华人民共和国契税法》第九条的规定，为纳税人签订土地、房屋权属转移合同的当日，或者纳税人取得其他具有土地、房屋权属转移合同性质凭证的当日；第十条规定，纳税人应当在依法办理土地、房屋权属登记手续前申报缴纳契税。A公司应在办理土地、房屋权属登记手续前申报缴纳契税。

3. 根据《中华人民共和国房产税暂行条例》第二条的规定，房产税由产权所有人缴纳。产权属于全民所有的，由经营管理的单位缴纳。产权出典的，由承典人缴纳。产权所有人、承典人不在房产所在地的，或者产权未确定及租典纠纷未解决的，由房产代管人或者使用人缴纳。A公司是房屋的产权所有人，应当缴纳房产税。

房产税纳税申报时间。根据《中华人民共和国房产税暂行条例》

第七条的规定，房产税按年征收、分期缴纳。纳税期限由省、自治区、直辖市人民政府规定。A公司房产税的纳税期限按照A公司所在省、自治区、直辖市人民政府规定执行，纳税申报时间也按照A公司所在省、自治区、直辖市人民政府规定执行。

4. 根据《中华人民共和国城镇土地使用税暂行条例》第二条的规定，在城市、县城、建制镇、工矿区范围内使用土地的单位和个人，为城镇土地使用税的纳税人，应当依照该条例的规定缴纳城镇土地使用税。A公司是在Y市使用土地的单位，应当缴纳城镇土地使用税。

城镇土地使用税纳税申报时间。根据《中华人民共和国城镇土地使用税暂行条例》第八条的规定，城镇土地使用税按年计算、分期缴纳。缴纳期限由省、自治区、直辖市人民政府确定。所以，A公司城镇土地使用税的纳税申报时间由其所在省、自治区、直辖市人民政府确定。

5. 根据《中华人民共和国车辆购置税法》第一条的规定，在中华人民共和国境内购置汽车、有轨电车、汽车挂车、排气量超过150毫升的摩托车的单位和个人，为车辆购置税的纳税人，应当依照该法规定缴纳车辆购置税。A公司在中华人民共和国境内购置汽车，应当缴纳车辆购置税。

车辆购置税纳税申报时间。根据《中华人民共和国车辆购置税法》第十二条的规定，车辆购置税的纳税义务发生时间为纳税人购置应税车辆的当日。纳税人应当自纳税义务发生之日起60日内申报缴纳车辆购置税。A公司应该在购买汽车之日起60日内向税务机关申报缴纳车辆购置税。

6. 根据《中华人民共和国车船税法》第一条的规定，在中华人民共和国境内属于该法所附《车船税税目税额表》规定的车辆、船舶的所有人或者管理人，为车船税的纳税人，应当依照本法缴纳车船税。A公司是车辆的所有人，应当缴纳车船税。

车船税纳税申报时间。根据《中华人民共和国车船税法》第六条的规定，从事机动车第三者责任强制保险业务的保险机构为机动车车船税的扣缴义务人，应当在收取保险费时依法代收车船税，并出具代收税款凭证；第八条规定，车船税纳税义务发生时间为取得车船所有权或者管理权的当月；第九条规定，车船税按年申报缴纳，具体申报纳税期限由省、自治区、直辖市人民政府规定。A公司车船税按年缴纳，具体纳税期限按A公司所在省、自治区、直辖市人民政府规定的期限执行。一般情况下，A公司在每年购买机动车交通事故责任强制保险（简称交强险）时，由保险机构代收代缴车船税。保险机构向A公司开具的注明已收税款信息的交强险保险单和保费发票，作为代收税款凭证。

1.1.4 纳税申报需要注意的事项

纳税申报是纳税人、缴费人和扣缴义务人的法定义务，纳税人、缴费人、扣缴义务人需要对报送材料的真实性和合法性承担责任。纳税人、缴费人和扣缴义务人可以直接到税务机关办理纳税申报或者报送代扣代缴、代收代缴税款报告表，也可以根据自身的实际情况采取邮寄、数据电文或者其他方式办理纳税申报或者报送代扣代缴、代收代缴税款报告表。税务机关提供的主要办税渠道包括办税服务厅、电子税务局等，纳税人可自行选择。选择到办税服务厅办理纳税申报的，在资料完整且符合法定受理条件的前提下，税务机关即时受理；选择电子税务局申报方式的，在申报期内登录各省、自治区、直辖市、计划单列市税务局官网，进入电子税务局，在“我要办税”功能模块进行相应税（费）的申报，录入申报表数据，保存并提交申报，完成税（费）缴纳，纸质申报资料按照各省、自治区、直辖市、计划单列市税务机关的规定定期向主管税务机关报送；选择邮寄申报方式的，使用邮寄申报专用信封，以邮局的收据作为凭证申报凭据，以寄出邮戳时间为实际申报时间。

特别需要注意的是，纳税人在纳税期内没有应纳税款的，也应当按照规定办理纳税申报。纳税人享受减税、免税待遇的，在减税、免税期间应当按照规定办理纳税申报。

2 经常性申报事项

王小税洋洋洒洒地给李小微介绍了小微企业作为纳税人、扣缴义务人可能涉及的税费。王小税就像一个“行走的法规库”，听得李小微一脸佩服，连夸“学霸就是学霸啊”。认真听了介绍后，李小微觉得豁然开朗，说道：“这么看来，我的企业现阶段只涉及增值税及其附征、企业所得税和扣缴个人所得税嘛！”他摸了摸脑袋，不好意思地问道：“这几个税种的申报不难吧？我这种‘税收小白’能学会吗？每个月都需要去一次办税服务厅吗？”

王小税微微一笑，说道：“申报纳税早就不用到办税服务厅取号排队填表啦，电子税务局让绝大多数申报事项可以走‘网路’，点点鼠标、敲敲键盘就能完成‘申报缴税一条龙’啦！”王小税一边说着一边打开了电子税务局的界面，指着申报模块说：“你刚提到的那几个税费，是经常需要报送的，对应着电子税务局的‘我要办税’‘税费申报及缴纳’‘按期应申报’等模块。咱们这就点开申报表，给你举举例子，看看怎么填吧！”

通俗来讲，经常性申报事项是持续经营的纳税人，在生产经营过程中，依照法律法规和相关政策规定需要定期向税务机关申报，报送其在一定时间内生产情况及应纳税（费）情况，履行纳税义务、代扣代缴、代收代缴的事项。具体包括：增值税及附加税费纳税申报、消费税及附加税费纳税申报、居民企业所得税纳税申报、个人所得税纳税申报，以及残疾人保障金和工会经费申报等经常性申报事项。

2.1 增值税及附加税费纳税申报

增值税纳税人包括增值税一般纳税人和增值税小规模纳税人，由于增值税一般纳税人和增值税小规模纳税人在账务处理上的不同，两种不同类型的增值税纳税人的申报方式也有差异。

2.1.1 增值税一般纳税人申报

2.1.1.1 事项概述

连续 12 个月（以 1 个月为 1 个纳税期）或者连续 4 个季度（以 1 个季度为 1 个纳税期）累计应征增值税销售额超过 500 万元的纳税人，应当依法向税务机关申请办理增值税一般纳税人登记。应征增值税销售额未超过规定标准，会计核算健全，能够提供准确税务资料的，可以向主管税务机关办理登记为增值税一般纳税人。增值税一般纳税人应准确核算销项税额、进项税额、应纳税额，并依照法律、行政法规规定或者税务机关确定的申报期限、申报内容，办理增值税一般纳税人申报。

2.1.1.2 报送资料

增值税一般纳税人办理纳税申报需要报送的资料见表 2–1。

表 2–1　　增值税一般纳税人申报报送资料

序号	报送资料	数量	备注
1	《增值税及附加税费申报表（一般纳税人适用）》及其附列资料	2 份	
适用情形	条件报送资料	数量	备注
自 2015 年 4 月 1 日起使用增值税发票系统升级版的，按照有关规定不使用网络办税或不具备网络条件的特定纳税人	金税盘、税控盘或 UKey		

续表

适用情形	条件报送资料	数量	备注
中国铁路总公司的铁路建设基金增值税纳税申报	《铁路建设基金纳税申报表》	1份	
海关回函结果为“有一致的入库信息”的海关缴款书	《海关缴款书核查结果通知书》	1份	
辅导期一般纳税人	《稽核结果比对通知书》	1份	
各类汇总纳税企业	《分支机构增值税汇总纳税信息传递单》	1份	
采用预缴方式缴纳增值税的发、供电企业	《电力企业增值税销项税额和进项税额传递单》	1份	
增值税一般纳税人发生代扣代缴事项	《代扣代缴税收通用缴款书抵扣清单》	1份	
增值税一般纳税人在资产重组过程中，将全部资产、负债和劳动力一并转让给其他增值税一般纳税人，原纳税人在办理注销登记前尚未抵扣的进项税额可结转至新纳税人处继续抵扣	《增值税一般纳税人资产重组进项留抵税额转移单》	1份	
纳税人取得的符合抵扣条件且在本期申报抵扣的相关凭证	增值税专用发票（含税控机动车销售统一发票）的抵扣联	1份	报备要求由省（自治区、直辖市和计划单列市）税务机关确定
	海关进口增值税专用缴款书、购进农产品取得的普通发票的复印件		
	税收完税凭证及其清单，书面合同、付款证明和境外单位的对账单或者发票		
	已开具的农产品收购凭证的存根联或报查联		

续表

<table>
<tr><th>适用情形</th><th colspan="2">条件报送资料</th><th>数量</th><th>备注</th></tr>
<tr><td rowspan="5">纳税人销售服务、不动产和无形资产，在确定服务、不动产和无形资产销售额时，按照有关规定从取得的全部价款和价外费用中扣除价款</td><td rowspan="5">符合法律、行政法规和国家税务总局规定的有效凭证及清单</td><td>支付给境内单位或者个人的款项，以发票为合法有效凭证</td><td rowspan="5">1 份</td><td rowspan="5">报备要求由省（自治区、直辖市和计划单列市）税务机关确定</td></tr>
<tr><td>支付给境外单位或者个人的款项，以该单位或者个人的签收单据为合法有效凭证，税务机关对签收单据有疑义的，可以要求其提供境外公证机构的确认证明</td></tr>
<tr><td>缴纳的税款，以完税凭证为合法有效凭证</td></tr>
<tr><td>扣除的政府性基金、行政事业性收费或者向政府支付的土地价款，以省级以上（含省级）财政部门监（印）制的财政票据为合法有效凭证</td></tr>
<tr><td>国家税务总局规定的其他凭证</td></tr>
<tr><td rowspan="5">部分行业试行农产品增值税进项税额核定扣除办法的一般纳税人</td><td colspan="2">《农产品核定扣除增值税进项税额计算表（汇总表）》</td><td rowspan="5">1 份</td><td rowspan="5"></td></tr>
<tr><td colspan="2">《投入产出法核定农产品增值税进项税额计算表》</td></tr>
<tr><td colspan="2">《成本法核定农产品增值税进项税额计算表》</td></tr>
<tr><td colspan="2">《购进农产品直接销售核定农产品增值税进项税额计算表》</td></tr>
<tr><td colspan="2">《购进农产品用于生产经营且不构成货物实体核定农产品增值税进项税额计算表》</td></tr>
<tr><td colspan="3">省（自治区、直辖市和计划单列市）税务机关规定的其他资料</td><td>1 份</td><td></td></tr>
</table>

温馨提示

（1）自 2019 年 4 月 1 日起，增值税一般纳税人发生增值税应税销售行为或者进口货物，原适用 16% 税率的，税率调整为 13%；原适用 10% 税率的，税率调整为 9%。纳税人如需申报适用 16%、10% 等原增值税税率应税项目时，按照申报表调整前后的对应关系，分别填写 13%、9% 栏次。

（2）自 2019 年 4 月 1 日起，增值税一般纳税人购进农产品，原适用 10% 扣除率的，扣除率调整为 9%。纳税人购进用于生产或者委托加工 13% 税率货物的农产品，按照 10% 的扣除率计算进项税额。

（3）自 2019 年 4 月 1 日起，原适用 16% 税率且出口退税率为 16% 的出口货物劳务，出口退税率调整为 13%；原适用 10% 税率且出口退税率为 10% 的出口货物、跨境应税行为，出口退税率调整为 9%。

2019 年 6 月 30 日前（含 2019 年 4 月 1 日前），纳税人出口上述所列货物劳务、发生上述所列跨境应税行为，适用增值税免退税办法的，购进时已按调整前税率征收增值税的，执行调整前的出口退税率，购进时已按调整后税率征收增值税的，执行调整后的出口退税率；适用增值税免抵退税办法的，执行调整前的出口退税率，在计算免抵退税时，适用税率低于出口退税率的，适用税率与出口退税率之差视为零参与免抵退税计算。

出口退税率的执行时间及出口货物劳务、发生跨境应税行为的时间，按照以下规定执行：报关出口的货物劳务（保税区及经保税区出口除外），以海关出口报关单上注明的出口日期为准；非报关出口的货物劳务、跨境应税行为，以出口发票或普通发票的开具时间为准；保税区及经保税区出口的货物，以货物离境时海关出具的出境货物备案清单上注明的出口日期为准。

（4）2022 年 12 月 31 日前，允许生产、生活性服务业纳税人当期可抵扣进项税额分别按 10% 和 15%，加计抵减应纳税额。适用加计抵减政策的生产、生活性服务业纳税人，应在年度首次确认适用加计抵减政策时，通过电子税务局（或前往办税服务厅）提交《适用加计抵减政策的声明》。适用加计抵减政策的纳税人，同时兼营邮政服务、电信服务、现代服务、生活服务的，应按照四项服务中收入占比最高的业务在《适用加计抵减政策的声明》中勾选确定所属行业。

（5）自 2019 年 4 月 1 日起，纳税人取得不动产或者不动产在建工程的进项税额不再分 2 年抵扣，可以一次性抵扣。

（6）自 2019 年 4 月 1 日起，纳税人购进国内旅客运输服务，其进项税额允许从销项税额中抵扣。

① 纳税人取得增值税专用发票的，抵扣进项税额为专用发票注明的税额。

② 未取得增值税专用发票取得增值税电子普通发票的，为发票上注明的税额。

③ 取得注明旅客身份信息的航空运输电子客票行程单计算可抵扣进项税额。

航空旅客运输进项税额 =（票价 + 燃油附加费）÷（1+9%）×9%

④ 取得注明旅客身份信息的铁路车票计算可抵扣进项税额。

铁路旅客运输进项税额 = 票面金额 ÷（1+9%）×9%

⑤ 取得注明旅客身份信息的公路、水路等其他客票计算可抵扣进项税额。

公路、水路等其他旅客运输进项税额 = 票面金额 ÷（1+3%）×3%

（7）纳税人自办理税务登记至登记为一般纳税人期间，未取得生产经营收入，未按照销售额和征收率简易计算应纳税额申报缴纳增值税的，在此期间取得的增值税扣税凭证，可以在登记为一般纳税人后抵扣进项税额。

（8）自 2016 年 2 月 1 日起，按月纳税的月销售额或营业额不超过 10 万元（按季纳税的季度销售额或营业额不超过 30 万元）的缴纳义务人免征教育费附加、地方教育附加、水利建设基金。

（9）自 2022 年 1 月 1 日至 2024 年 12 月 31 日，由省、自治区、直辖市人民政府根据本地区实际情况，以及宏观调控需要确定，对增值税小规模纳税人、小型微利企业和个体工商户可以在50%的税额幅度内减征资源税、城市维护建设税、房产税、城镇土地使用税、印花税（不含证券交易印花税）、耕地占用税和教育费附加、地方教育附加。

（10）增值税一般纳税人可以通过增值税发票综合服务平台查询、选择用于申报抵扣、出口退税或者代办退税的增值税发票信息。纳税人通过增值税发票综合服务平台“抵扣勾选”模块勾选用于“申报/不申报抵扣”的发票，按税款所属期对认证数据进行抵扣勾选统计，并对统计表的结果进行签名确认，签名确认后才可以进行当期的抵扣申报。

【案例 2-1】

A公司为增值税一般纳税人，位于市区，属于小型微利企业，于2021年1月成立，自2021年2月1日起登记为一般纳税人，主要业务为提供住宿、餐饮服务。2022年1月，A公司提供住宿服务取得含税销售额318万元，开具税率为6%的增值税专用发票；销售应税货物取得含税销售额11.3万元，开具税率为13%的增值税普通发票。A公司购进商铺一间，取得增值税专用发票1张，税额9万元，金额100万元；购进一批货物取得增值税专用发票1张，税额6500元，金额5万元；以上增值税专用发票均在当月经过认证。A公司员工因公出差，取得1张注明旅客身份信息的航空运输电子客票行程单，票价1000元，民航发展基金50元，燃油附加费90元。

2021年1月至2021年12月，A公司住宿、餐饮服务收入占总收入的比重为78%，符合加计抵减政策，2022年1月申报期向税务机关提交了《适用加计抵减政策的声明》。

A公司2022年1月发生的以上业务，应如何办理纳税申报？

解析：

自2019年4月1日起，纳税人取得不动产或者不动产在建工程的进项税额不再分2年抵扣。纳税人购进国内旅客运输服务，其进项税额允许从销项税额中抵扣。取得注明旅客身份信息的航空运输电子客票行程单的，按照该公式计算进项税额：航空旅客运输进项税额 =（票价 + 燃油附加费）÷（1+9%）×9%。2022年12月31日前，允许生产、生活性服务业纳税人当期可抵扣进项税额分别按10%和15%加计抵减应纳税额。该公司属于小型微利企业，可以在50%税额幅度内减征城市维护建设税、教育费附加和地方教育附加。

下面围绕增值税的计税原理，即本期应纳税额 = 本期销项税额 − 本期进项税额 − 本期加计抵减额，以及电子税务局增值税一般纳税人申报表及其附列资料的填列方法，按照先附表再主表的填报顺序，来详细讲解增值税一般纳税人税额的计算及申报表的填报。

1 本期销项税额的计算及《增值税及附加税费申报表附列资料（一）》（本期销售情况明细）的填报。

本月提供住宿服务，销项税额 = 3180000 ÷（1 + 6%）×6% = 180000（元）。

本月销售应税货物，销项税额 = 113000 ÷（1 + 13%）×13% = 13000（元）。

A公司2022年1月（税款所属期）《增值税纳税申报表附列资料（一）》填报如下。

《增值税及附加税费申报表附列资料（一）》第1栏“13%税率的货物及加工修理修配劳务”：

“开具其他发票”“销售额”列 = 100000（元）

“开具其他发票”“销项（应纳）税额”列 = 13000（元）

《增值税及附加税费申报表附列资料（一）》第5栏“6%税率”：

“开具增值税专用发票”“销售额”列 = 3000000（元）

“开具增值税专用发票”“销项（应纳）税额”列 = 180000（元）

本月销项（应纳）税额合计 = 13000 + 180000 = 193000（元）

《增值税及附加税费申报表附列资料（一）》具体填写示例见表 2–2。

本书中部分填写示例根据案例内容对相关申报表进行截取。

2. 本期进项税额的计算及《增值税及附加税费申报表附列资料（二）》（本期进项税额明细）的填报。

本月购进不动产，增值税专用发票上注明的进项税额为 90000 元；购进应税货物，增值税专用发票上注明的进项税额为 6500 元；购进航空旅客运输服务的进项税额为 90 元。

航空旅客运输服务的进项税额 =（票价 + 燃油附加费）÷（1+9%）×9% =（1000+90）÷（1+9%）×9% = 90（元）

A 公司 2022 年 1 月（税款所属期）《增值税及附加税费申报表附列资料（二）》本期进项税额明细表填报如下。

《增值税及附加税费申报表附列资料（二）》第 35 栏“本期认证相符的增值税专用发票”：

“份数”列 = 2（份）

“金额”列 = 1050000（元）

“税额”列 = 96500（元）

《增值税及附加税费申报表附列资料（二）》第 2 栏“其中：本期认证相符且本期申报抵扣”会根据第 35 栏的数据带出：

“份数”列 = 2（份）

“金额”列 = 1050000（元）

“税额”列 = 96500（元）

《增值税及附加税费申报表附列资料（二）》第 8b 栏“其他”：

“份数”列 = 1（份）

“金额”列 =（1000 + 90）÷（1 + 9%）= 1000（元）

“税额”列 = 90（元）

《增值税及附加税费申报表附列资料（二）》第 10 栏“（四）本期用于抵扣的旅客运输服务扣税凭证”：

表 2-2 《增值税及附加税费申报表附列资料（一）》填写示例

增值税纳税申报表附列资料（一）

（本期销售情况明细）

税款所属时间：2022 年 1 月 1 日至 2022 年 1 月 31 日

纳税人名称：（公章）

金额单位：元

项目及栏次				开具增值税专用发票		开具其他发票		未开具发票		纳税检查调整		合计		
				销售额	销项（应纳）税额	销售额	销项（应纳）税额	销售额	销项（应纳）税额	销售额	销项（应纳）税额	销售额	销项（应纳）税额	价税合计
				1	2	3	4	5	6	7	8	9=1+3+5+7	10=2+4+6+8	11=9+10
一、一般计税方法计税	全部征税项目	13% 税率的货物及加工修理修配劳务	1			100000	13000					100000	13000	—
		13% 税率的服务、不动产和无形资产	2											
		9% 税率的货物及加工修理修配劳务	3											—
		9% 税率的服务、不动产和无形资产	4											
		6% 税率	5	3000000	180000							3000000	180000	3180000
	其中：即征即退项目	即征即退货物及加工修理修配劳务	6	—	—	—	—	—	—	—	—			—
		即征即退服务、不动产和无形资产	7	—	—	—	—	—	—	—	—			

"份数"列 = 1（份）

"金额"列 = 1000（元）

"税额"列 = 90（元）

本月进项税额合计 = 90000 + 6500 + 90 = 96590（元）

《增值税及附加税费申报表附列资料（二）》具体填写示例见表 2–3。

表 2–3　《增值税及附加税费申报表附列资料（二）》填写示例

增值税纳税申报表附列资料（二）

（本期进项税额明细）

税款所属时间：2022 年 1 月 1 日至 2022 年 1 月 31 日

纳税人名称：（公章）　　金额单位：元

一、申报抵扣的进项税额				
项　目	栏次	份数	金额	税额
（一）认证相符的增值税专用发票	1=2+3	2	1050000	96500
其中：本期认证相符且本期申报抵扣	2	2	1050000	96500
前期认证相符且本期申报抵扣	3			
（二）其他扣税凭证	4=5+6+7+8a+8b	1	1000	90
其中：海关进口增值税专用缴款书	5			
农产品收购发票或者销售发票	6			
代扣代缴税收缴款凭证	7		—	
加计扣除农产品进项税额	8a	—	—	
其他	8b	1	1000	90
（三）本期用于购建不动产的扣税凭证	9			
（四）本期用于抵扣的旅客运输服务扣税凭证	10	1	1000	90
（五）外贸企业进项税额抵扣证明	11	—	—	
当期申报抵扣进项税额合计	12=1+4+11	3	1051000	96590

二、进项税额转出额		
项　目	栏次	税额
本期进项税额转出额	13=14 至 23 之和	
其中：免税项目用	14	

续表

项　目	栏次	税额		
集体福利、个人消费	15			
非正常损失	16			
简易计税方法征税项目用	17			
免抵退税办法不得抵扣的进项税额	18			
纳税检查调减进项税额	19			
红字专用发票信息表注明的进项税额	20			
上期留抵税额抵减欠税	21			
上期留抵税额退税	22			
异常凭证转出进项税额	23a			
其他应作进项税额转出的情形	23b			
三、待抵扣进项税额				
项　目	栏次	份数	金额	税额
（一）认证相符的增值税专用发票	24	—	—	—
期初已认证相符但未申报抵扣	25			
本期认证相符且本期未申报抵扣	26			
期末已认证相符但未申报抵扣	27			
其中：按照税法规定不允许抵扣	28			
（二）其他扣税凭证	29=30 至 33 之和			
其中：海关进口增值税专用缴款书	30			
农产品收购发票或者销售发票	31			
代扣代缴税收缴款凭证	32		—	
其他	33			
	34			
四、其他				
项　目	栏次	份数	金额	税额
本期认证相符的增值税专用发票	35	2	1050000	96500
代扣代缴税额	36	—	—	

3. 本期加计抵减的计算及《增值税及附加税费申报表附列资料（四）》（税额抵减情况表）的填报。

当期计提加计抵减额 = 当期可抵扣进项税额 ×15% = 96590×15% = 14488.5（元）

A 公司 2022 年 1 月（税款所属期）《增值税及附加税费申报表附列资料（四）》填报如下。

《增值税及附加税费申报表附列资料（四）》第 6 栏“一般项目加计抵减额计算”：

“本期发生额”列 = 14488.5（元）

“本期可抵减额”列 = 14488.5（元）

“本期实际抵减额”列 = 14488.5（元）

《增值税及附加税费申报表附列资料（四）》具体填写示例见表 2-4。

表 2-4　《增值税及附加税费申报表附列资料（四）》填写示例

增值税及附加税费申报表附列资料（四）

（税额抵减情况表）

税款所属时间：2022 年 1 月 1 日至 2022 年 1 月 31 日

纳税人名称：（公章）　　金额单位：元

一、税额抵减情况						
序号	抵减项目	期初余额	本期发生额	本期应抵减税额	本期实际抵减税额	期末余额
		1	2	3=1+2	4 ≤ 3	5=3-4
1	增值税税控系统专用设备费及技术维护费					
2	分支机构预征缴纳税款					
3	建筑服务预征缴纳税款					
4	销售不动产预征缴纳税款					
5	出租不动产预征缴纳税款					

续表

二、加计抵减情况							
序号	加计抵减项目	期初余额	本期发生额	本期调减额	本期可抵减额	本期实际抵减额	期末余额
		1	2	3	4=1+2−3	5	6=4−5
6	一般项目加计抵减额计算	0	14488.50		14488.50	14488.50	0
7	即征即退项目加计抵减额计算						
8	合计						

4. 附加税费计算及《增值税及附加税费申报表附列资料（五）》（附加税费情况表）的填报。纳税人填写增值税申报信息后，自动带入《增值税及附加税费申报表附列资料（五）》。

5. A 公司 2022 年 1 月《增值税及附加税费申报表（一般纳税人适用）》（即主表）填报及应纳税额的计算。

增值税应纳税额 = 本期销项税额 − 本期进项税额 − 本期加计抵减额 = 193000 − 96590 − 14488.5 = 81921.5（元）

城市维护建设税应纳税额 = 81921.5 × 7% × 50% = 2867.25（元）

教育费附加应纳费额 = 81921.5 × 3% × 50% = 1228.82（元）

地方教育附加应纳费额 = 81921.5 × 2% × 50% = 819.22（元）

A 公司 2022 年 1 月（税款所属期）《增值税及附加税费申报表（一般纳税人适用）》填报如下（纳税人通过电子税务局申报，主表数据由附表数据自动生成）。需要注意的是，主表第 19 行"应纳税额" = 主表第 11 行 − 主表第 18 行 −《增值税及附加税费申报表附列资料（四）》第 6 行的本期加计抵减额。

《增值税及附加税费申报表（一般纳税人适用）》具体填写示例见表 2–5。

表 2-5　《增值税及附加税费申报表（一般纳税人适用）》填写示例

增值税及附加税费申报表
（一般纳税人适用）

税款所属时间：2022 年 1 月 1 日至 2022 年 1 月 31 日

金额单位：元

项　目		栏次	一般项目	
			本月数	本年累计
销售额	（一）按适用税率计税销售额	1	3100000.00	
	其中：应税货物销售额	2	100000.00	
	应税劳务销售额	3		
	纳税检查调整的销售额	4		
	（二）按简易办法计税销售额	5		
	其中：纳税检查调整的销售额	6		
	（三）免、抵、退办法出口销售额	7		
	（四）免税销售额	8		
	其中：免税货物销售额	9		
	免税劳务销售额	10		
税款计算	销项税额	11	193000.00	
	进项税额	12	96590.00	
	上期留抵税额	13		
	进项税额转出	14		
	免、抵、退应退税额	15		
	按适用税率计算的纳税检查应补缴税额	16		
	应抵扣税额合计	17=12+13-14-15+16	96590.00	—
	实际抵扣税额	18（如 17<11，则为 17，否则为 11）	96590.00	
	应纳税额	19=11-18	81921.50	
	期末留抵税额	20=17-18		

续表

项目		栏次	一般项目	
			本月数	本年累计
税款缴纳	简易计税办法计算的应纳税额	21		
	按简易计税办法计算的纳税检查应补缴税额	22		
	应纳税额减征额	23		
	应纳税额合计	24=19+21−23	81921.50	
	期初未缴税额（多缴为负数）	25		
	实收出口开具专用缴款书退税额	26		
	本期已缴税额	27=28+29+30+31		
	①分次预缴税额	28		
	②出口开具专用缴款书预缴税额	29		
	③本期缴纳上期应纳税额	30		
	④本期缴纳欠缴税额	31		
	期末未缴税额（多缴为负数）	32=24+25+26−27		
	其中：欠缴税额（≥0）	33=25+26−27		
	本期应补（退）税额	34=24−28−29		
	即征即退实际退税额	35		
	期初未缴查补税额	36		
	本期入库查补税额	37		
	期末未缴查补税额	38=16+22+36−37		
附加税费	城市维护建设税本期应补（退）税额	39	2867.25	
	教育费附加本期应补（退）费额	40	1228.82	
	地方教育附加本期应补（退）费额	41	819.22	

A 公司本期实际应纳增值税税额 81921.5 元，城市维护建设税为 2867.25 元，教育费附加为 1228.82 元，地方教育附加为 819.22 元。

【案例 2-2】

A 公司主要从事劳务派遣服务，位于市区，属于小型微利企业，选择按简易计税方式计税，2022 年 1 月与 B 公司签订劳务派遣合同，A 公司向 B 公司提供劳务派遣服务收取劳务派遣费 100 万元（含税），支付劳务派遣员工工资、福利和为其办理社会保险及住房公积金的费用 80 万元（含税）。A 公司选择差额开票功能开具发票，应如何办理纳税申报？

解析：

根据《财政部　国家税务总局关于进一步明确全面推开营改增试点有关劳务派遣服务、收费公路通行费抵扣等政策的通知》（财税〔2016〕47 号）的规定，一般纳税人提供劳务派遣服务，以取得的全部价款和价外费用为销售额，按照一般计税方法计算缴纳增值税；也可以选择差额纳税，以取得的全部价款和价外费用，扣除代用工单位支付给劳务派遣员工的工资、福利和为其办理社会保险及住房公积金后的余额为销售额，按照简易计税方法依 5% 的征收率计算缴纳增值税。选择差额纳税的纳税人，向用工单位收取用于支付给劳务派遣员工工资、福利和为其办理社会保险及住房公积金的费用，不得开具增值税专用发票，可以开具普通发票。

1. 本期销项税额的计算及《增值税及附加税费申报表附列资料（三）》（服务、不动产和无形资产扣除项目明细）的填报。

《增值税及附加税费申报表附列资料（三）》第 5 栏“5% 征收率的项目”：

“本期服务、不动产和无形资产价税合计额（免税销售额）”列 = 1000000（元）

“本期发生额”列 = 800000（元）

"本期应扣除金额"列 = 800000（元）

"本期实际扣除金额"列 = 800000（元）

《增值税及附加税费申报表附列资料（三）》填写示例见表 2-6。

表 2-6 《增值税及附加税费申报表附列资料（三）》填写示例

增值税及附加税费申报表附列资料（三）

（服务、不动产和无形资产扣除项目明细）

税款所属时间：2022 年 1 月 1 日至 2022 年 1 月 31 日

纳税人名称：（公章） 金额单位：元

项目及栏次		本期服务、不动产和无形资产价税合计额（免税销售额）	服务、不动产和无形资产扣除项目				
			期初余额	本期发生额	本期应扣除金额	本期实际扣除金额	期末余额
		1	2	3	4=2+3	5（5 ≤ 1 且 5 ≤ 4）	6=4-5
13% 税率的项目	1						
9% 税率的项目	2						
6% 税率的项目（不含金融商品转让）	3						
6% 税率的金融商品转让项目	4						
5% 征收率的项目	5	1000000		800000	800000	800000	0
3% 征收率的项目	6						
免抵退税的项目	7						
免税的项目	8						

2. 本期销项税额的计算及《增值税及附加税费申报表附列资料（一）》（本期销售情况明细）的填报。

《增值税纳税申报表附列资料（一）》第9b栏“5%征收率的服务、不动产和无形资产”：

第9列“销售额”= 952380.95（元）

第10列“销项（应纳）税额”= 47619.05（元）

第11列“价税合计”= 1000000（元）

第12列“服务、不动产和无形资产扣除项目本期实际扣除金额”= 800000（元）

第13列“含税（免税）销售额”= 200000（元）

第14列“销项（应纳）税额”= 9523.81（元）

《增值税纳税申报表附列资料（一）》填写示例见表2–7。

3. 附加税费计算及《增值税及附加税费申报表附列资料（五）》（附加税费情况表）的填报。纳税人填写增值税申报信息后，自动带入《增值税及附加税费申报表附列资料（五）》。

4. A公司2022年1月（税款所属期）《增值税及附加税费申报表（一般纳税人适用）》的填报。

《增值税及附加税费申报表（一般纳税人适用）》第21栏“简易计税办法计算的应纳税额”= 9523.81（元）

《增值税及附加税费申报表（一般纳税人适用）》第24栏“应纳税额合计”= 9523.81（元）

《增值税及附加税费申报表（一般纳税人适用）》第39栏“城市维护建设税本期应补（退）税额”= 9523.81 × 7% × 50% = 333.33（元）

《增值税及附加税费申报表（一般纳税人适用）》第40栏“教育费附加本期应补（退）费额”= 9523.81 × 3% × 50% = 142.86（元）

《增值税及附加税费申报表（一般纳税人适用）》第41栏“地方教育附加本期应补（退）费额”= 9523.81 × 2% × 50% = 95.23（元）

《增值税及附加税费申报表（一般纳税人适用）》填写示例见表2–8。

表 2-7 《增值税及附加税费申报表附列资料（一）》填写示例

增值税及附加税费申报表附列资料（一）

（本期销售情况明细）

税款所属时间：2022 年 1 月 1 日至 2022 年 1 月 31 日

纳税人名称：（公章） 金额单位：元

项目及栏次				合计			服务、不动产和无形资产扣除项目本期实际扣除金额	扣除后	
				销售额	销项（应纳）税额	价税合计		含税（免税）销售额	销项（应纳）税额
				9=1+3+5+7	10=2+4+6+8	11=9+10	12	13=11−12	14=13÷（100%+税率或征收率）×税率或征收率
一、一般计税方法计税	全部征税项目	13% 税率的货物及加工修理修配劳务	1					—	—
		13% 税率的服务、不动产和无形资产	2						
		9% 税率的货物及加工修理修配劳务	3					—	—
		9% 税率的服务、不动产和无形资产	4						
		6% 税率	5						
	其中：即征即退项目	即征即退货物及加工修理修配劳务	6			—	—	—	—
		即征即退服务、不动产和无形资产	7						

续表

项目及栏次				合计			服务、不动产和无形资产扣除项目本期实际扣除金额	扣除后	
				销售额	销项（应纳）税额	价税合计		含税（免税）销售额	销项（应纳）税额
				9=1+3+5+7	10=2+4+6+8	11=9+10	12	13=11-12	14=13÷（100%+税率或征收率）×税率或征收率
二、简易计税方法计税	全部征税项目	6% 征收率	8			—	—	—	—
		5% 征收率的货物及加工修理修配劳务	9a			—	—	—	—
		5% 征收率的服务、不动产和无形资产	9b	952380.95	47619.05	1000000.00	800000.00	200000.00	9523.81
		4% 征收率	10			—	—	—	—
		3% 征收率的货物及加工修理修配劳务	11			—	—	—	—
		3% 征收率的服务、不动产和无形资产	12						
		预征率 %	13a						
		预征率 %	13b						
		预征率 %	13c						

表 2-8　《增值税及附加税费申报表（一般纳税人适用）》填写示例

增值税及附加税费申报表
（一般纳税人适用）

税款所属时间：2022 年 1 月 1 日至 2022 年 1 月 31 日

金额单位：元

项　目		栏次	一般项目	
			本月数	本年累计
销售额	（一）按适用税率计税销售额	1		
	其中：应税货物销售额	2		
	应税劳务销售额	3		
	纳税检查调整的销售额	4		
	（二）按简易办法计税销售额	5		
	其中：纳税检查调整的销售额	6		
	（三）免、抵、退办法出口销售额	7		
	（四）免税销售额	8		
	其中：免税货物销售额	9		
	免税劳务销售额	10		
税款计算	销项税额	11		
	进项税额	12		
	上期留抵税额	13		
	进项税额转出	14		
	免、抵、退应退税额	15		
	按适用税率计算的纳税检查应补缴税额	16		
	应抵扣税额合计	17=12+13-14-15+16		—
	实际抵扣税额	18（如 17 ＜ 11，则为 17，否则为 11）		
	应纳税额	19=11-18		
	期末留抵税额	20=17-18		

续表

项目		栏次	一般项目	
			本月数	本年累计
税款缴纳	简易计税办法计算的应纳税额	21	9523.81	9523.81
	按简易计税办法计算的纳税检查应补缴税额	22		
	应纳税额减征额	23		
	应纳税额合计	24=19+21-23	9523.81	9523.81
	期初未缴税额（多缴为负数）	25		
	实收出口开具专用缴款书退税额	26		
	本期已缴税额	27=28+29+30+31		
	①分次预缴税额	28		—
	②出口开具专用缴款书预缴税额	29		—
	③本期缴纳上期应纳税额	30		
	④本期缴纳欠缴税额	31		
	期末未缴税额（多缴为负数）	32=24+25+26-27		
	其中：欠缴税额（≥0）	33=25+26-27		—
	本期应补（退）税额	34=24-28-29		—
	即征即退实际退税额	35	—	—
	期初未缴查补税额	36		
	本期入库查补税额	37		
	期末未缴查补税额	38=16+22+36-37		
附加税费	城市维护建设税本期应补（退）税额	39	333.33	333.33
	教育费附加本期应补（退）费额	40	142.86	142.86
	地方教育附加本期应补（退）费额	41	95.23	95.23

A 公司本期实际应纳增值税税额 9523.81 元，城市维护建设税为 333.33 元，教育费附加为 142.86 元，地方教育附加为 95.23 元。

2.1.2 增值税小规模纳税人申报

2.1.2.1 事项概述

连续 12 个月（以 1 个月为 1 个纳税期）或者连续 4 个季度（以 1 个季度为 1 个纳税期）累计应征增值税销售额没有超过 500 万元的纳税人，或者累计应征增值税销售额超 500 万元规定标准且不经常发生销售货物、提供加工修理修配劳务和销售服务、无形资产、不动产的单位和个体工商户，可选择按照小规模纳税人纳税。

增值税小规模纳税人按照征收率简易计税。增值税小规模纳税人销售货物或者提供加工、修理修配劳务，销售应税服务、无形资产适用 3% 的征收率；小规模纳税人销售不动产，符合条件经营租赁不动产（土地使用权），转让营改增前取得的土地使用权，房地产开发企业销售、出租自行开发的房地产老项目，符合条件的融资租赁，选择差额纳税的劳务派遣、安全保护服务适用 5% 的征收率。

2.1.2.2 报送资料

增值税小规模纳税人办理纳税申报需要报送的资料见表 2–9。

表 2–9　　增值税小规模纳税人申报报送资料

序号	报送资料	数量	备注
1	《增值税及附加税费申报表（小规模纳税人适用）》及其附列资料	2 份	
适用情形	**条件报送资料**	**数量**	**备注**
机动车经销企业的纳税人	已开具发票的存根联	1 份	报送要求由省（自治区、直辖市和计划单列市）税务机关确定
2015 年 4 月 1 日起使用增值税发票系统升级版的，按照有关规定不使用网络办税或不具备网络条件的纳税人	金税盘、税控盘或 UKey		
实行预缴方式缴纳电力产品增值税纳税人	电力企业增值税销项税额和进项税额传递单	1 份	

温馨提示

（1）增值税小规模纳税人缴纳增值税、消费税、文化事业建设费，以及随增值税、消费税附征的城市维护建设税、教育费附加等税费，原则上实行按季申报。按固定期限纳税的增值税小规模纳税人可以选择以1个月或1个季度为纳税期限，一经选择，一个会计年度内不得变更。

（2）自2021年4月1日至2022年12月31日，增值税小规模纳税人发生增值税应税销售行为，合计月销售额未超过15万元（以1个季度为1个纳税期的，季度销售额未超过45万元）的，免征增值税。增值税小规模纳税人发生增值税应税销售行为，合计月销售额超过15万元，但扣除本期发生的销售不动产的销售额后未超过15万元的，其销售货物、劳务、服务、无形资产取得的销售额免征增值税。

适用增值税差额征收政策的增值税小规模纳税人，以差额后的销售额确定是否可以享受15万元以下免征增值税政策。

其他个人采取一次性收取租金的形式出租不动产，取得的租金收入可在租金对应的租赁期内平均分摊，分摊后的月租金收入不超过15万元的，免征增值税。

（3）自2022年4月1日至2022年12月31日，增值税小规模纳税人适用3%征收率的应税销售收入，免征增值税；适用3%预征率的预缴增值税项目，暂停预缴增值税。

（4）自2016年2月1日起，按月纳税的月销售额或营业额不超过10万元（按季纳税的季度销售额或营业额不超过30万元）的缴纳义务人免征教育费附加、地方教育附加、水利建设基金。

（5）自2022年1月1日至2024年12月31日，由省、自治区、直辖市人民政府根据本地区实际情况，以及宏观调控需要确定，对增值税小规模纳税人、小型微利企业和个体工商户可以在50%的税额幅度内减征资源税、城市维护建设税、房产税、城镇土地使用税、印花税（不含证券交易印花税）、耕地占用税和教育费附加、地方教育附加。

【案例 2-3】

A 公司位于市区，是增值税小规模纳税人，选择按季申报增值税。2022 年第一季度，A 公司销售货物实现收入 20 万元（不含税）。其中，自行开具增值税专用发票 1 万元，自行开具了增值税普通发票 19 万元。假设 A 公司所在省规定增值税小规模纳税人“六税两费”减征幅度为 50%，A 公司如何申报 2022 年第一季度增值税？

解析：

根据《国家税务总局关于小规模纳税人免征增值税征管问题的公告》（国家税务总局公告 2021 年第 5 号）第一条的规定，小规模纳税人发生增值税应税销售行为，合计月销售额未超过 15 万元（以 1 个季度为 1 个纳税期的，季度销售额未超过 45 万元）的，免征增值税。此外，根据《中华人民共和国增值税暂行条例》的规定，纳税人开具（代开）增值税专用发票，应当依法缴纳增值税。根据《财政部　国家税务总局关于扩大有关政府性基金免征范围的通知》（财税〔2016〕12 号）的规定，将免征教育费附加、地方教育附加、水利建设基金的范围，由现行按月纳税的月销售额或营业额不超过 3 万元（按季度纳税的季度销售额或营业额不超过 9 万元）的缴纳义务人，扩大到按月纳税的月销售额或营业额不超过 10 万元（按季度纳税的季度销售额或营业额不超过 30 万元）的缴纳义务人。该纳税人季度销售额不超过 30 万元，免征教育费附加、地方教育附加。根据《财政部　税务总局关于进一步实施小微企业“六税两费”减免政策的公告》（财政部　税务总局公告 2022 年第 10 号）第一条的规定，由省、自治区、直辖市人民政府根据本地区实际情况，以及宏观调控需要确定，对增值税小规模纳税人可以在 50% 的税额幅度内减征城市维护建设税。该公司属于小规模纳税人，可以在 50% 税额幅度内减征城市维护建设税。

2022年第一季度，A公司合计销售额为20万元，其中自行开具增值税普通发票销售额19万元可享受小规模纳税人免征增值税政策，向税务机关申请代开的增值税专用发票销售额1万元应按规定缴纳增值税。

4月办理增值税纳税申报，《增值税及附加税费申报表（小规模纳税人适用）》为必填表。《增值税及附加税费申报表（小规模纳税人适用）》填报如下。

第1栏“应征增值税不含税销售额（3%征收率）”和第2栏“增值税专用发票不含税销售额”的“货物及劳务”列填写代开增值税专用发票的销售额10000元；

第10栏“小微企业免税销售额”“货物及劳务”列填写自行开具增值税普通发票的销售额190000元；

第23栏“城市维护建设税本期应补（退）税额”“本期数”列=增值税应纳税额 ×7%×50%=10.5（元）；

第24栏“教育费附加本期应补（退）费额”“本期数”列=0（元）；

第25栏“地方教育附加本期应补（退）费额”“本期数”列=0（元）。

《增值税及附加税费申报表（小规模纳税人适用）》具体填写示例见表2-10。

表2-10 《增值税及附加税费申报表（小规模纳税人适用）》填写示例

增值税及附加税费申报表

（小规模纳税人适用）

纳税人识别号：□□□□□□□□□□□□□□□□□□□□□□□□

纳税人名称（公章）：　　　　金额单位：元

税款所属期：2022年1月1日至2022年3月31日　　　　填表日期：　年　月　日

	项　目	栏次	本期数		本年累计	
			货物及劳务	服务、不动产和无形资产	货物及劳务	服务、不动产和无形资产
一、计税依据	（一）应征增值税不含税销售额（3%征收率）	1	10000.00		10000.00	

续表

	项 目	栏次	本期数		本年累计	
			货物及劳务	服务、不动产和无形资产	货物及劳务	服务、不动产和无形资产
一、计税依据	增值税专用发票不含税销售额	2	10000.00		10000.00	
	其他增值税发票不含税销售额	3				
	（二）应征增值税不含税销售额（5% 征收率）	4	—		—	
	增值税专用发票不含税销售额	5	—		—	
	其他增值税发票不含税销售额	6	—		—	
	（三）销售使用过的固定资产不含税销售额	7（7 ≥ 8）				—
	其中：其他增值税发票不含税销售额	8				—
	（四）免税销售额	9=10+11+12	190000.00		190000.00	
	其中：小微企业免税销售额	10	190000.00		190000.00	
	未达起征点销售额	11				
	其他免税销售额	12				
	（五）出口免税销售额	13（13 ≥ 14）				
	其中：其他增值税发票不含税销售额	14				
二、税款计算	本期应纳税额	15	300.00		300.00	
	本期应纳税额减征额	16				
	本期免税额	17	5700.00		5700.00	
	其中：小微企业免税额	18	5700.00		5700.00	
	未达起征点免税额	19				
	应纳税额合计	20=15−16	300.00		300.00	
	本期预缴税额	21			—	—
	本期应补（退）税额	22=20−21	300.00		—	—

续表

	项目	栏次	本期数		本年累计	
			货物及劳务	服务、不动产和无形资产	货物及劳务	服务、不动产和无形资产
三、附加税费	城市维护建设税本期应补（退）税额	23	10.50		10.50	
	教育费附加本期应补（退）费额	24	0		0	
	地方教育附加本期应补（退）费额	25	0		0	

A 公司本期实际应纳增值税 300 元、城市维护建设税 10.5 元，教育费附加和地方教育附加为 0。

【案例 2-4】

A 公司是一家位于市区的建筑业增值税小规模纳税人，选择按季申报增值税。2022 年第一季度，A 公司实现销售收入 50 万元（不含税），均自行开具了增值税普通发票。其中：销售货物取得收入 10 万元；转让自建的不动产取得收入 20 万元；提供建筑服务取得收入 20 万元，向其他建筑企业支付分包款 10 万元。假设 A 公司所在省规定增值税小规模纳税人“六税两费”减征幅度为 50%，A 公司该如何进行第一季度的纳税申报？

解析：

根据《国家税务总局关于小规模纳税人免征增值税征管问题的公告》（国家税务总局公告 2021 年第 5 号）第一条的规定，小规模纳税人发生增值税应税销售行为，合计月销售额未超过 15 万元（以 1 个季度为 1 个纳税期的，季度销售额未超过 45 万元）的，免征增值税。小规模纳税人发生增值税应税销售行为，合计月销售额超过15万元，但扣除本期发生的销售不动产的销售额后未超过15万元的，其销售货物、劳务、服务、无形资产取得的销售额免征增值税。适用增值税差额征税政策的小规模纳税人，以差额后的销售额确定是否可以享受该公告规定的免征增值税政策。

根据《财政部　税务总局关于进一步实施小微企业“六税两费”减免政策的公告》（财政部　税务总局公告2022年第10号）第一条的规定，由省、自治区、直辖市人民政府根据本地区实际情况，以及宏观调控需要确定，对增值税小规模纳税人可以在50%的税额幅度内减征城市维护建设税、教育费附加、地方教育附加。

A公司第一季度合计销售额为50万元，剔除销售不动产后的销售额为30万元，那么A公司销售货物和服务的销售额30万元可以享受免税政策，销售不动产的销售额20万元应照章纳税。该公司属于小规模纳税人，可以在50%税额幅度内减征城市维护建设税、教育费附加、地方教育附加。

4月申报增值税的时候，A公司提供建筑服务有扣除项目，除填报《增值税及附加税费申报表（小规模纳税人适用）》，还需要填写《增值税纳税申报表（小规模纳税人适用）附列资料（一）》。《增值税纳税申报表（小规模纳税人适用）附列资料（一）》填报“全部含税收入（适用3%征收率）”时，应将提供建筑服务20万元，不含税收入还原为含税收入20.2［20×（1+1%）］[①]万元。

《增值税及附加税费申报表（小规模纳税人适用）》填报如下：

第10栏“小微企业免税销售额”“货物及劳务”列填写销售货物取得收入100000元，电子税务局申报系统会自动将该金额填入第9栏“免税销售额”“货物及劳务”列。

第10栏“小微企业免税销售额”“服务、不动产和无形资产”列

① 自2021年4月1日至2022年3月31日，增值税小规模纳税人适用3%征收率的应税销售收入，减按1%征收率征收增值税。

填写提供建筑服务取得收入100000元，电子税务局申报系统会自动将该金额填入第9栏“免税销售额”“服务、不动产和无形资产”列。

《增值税及附加税费申报表（小规模纳税人适用）》具体填写示例见表2-11。

表2-11 《增值税及附加税费申报表（小规模纳税人适用）》填写示例

增值税及附加税费申报表

（小规模纳税人适用）

纳税人识别号：□□□□□□□□□□□□□□□□□□□□□□□□□

纳税人名称（公章）：　　　　　　　　　　　　　　　　金额单位：元

税款所属期：2022年1月1日至2022年3月31日　　　　填表日期：　年　月　日

	项　目	栏次	本期数		本年累计	
			货物及劳务	服务、不动产和无形资产	货物及劳务	服务、不动产和无形资产
一、计税依据	（一）应征增值税不含税销售额（3%征收率）	1				
	增值税专用发票不含税销售额	2				
	其他增值税发票不含税销售额	3				
	（二）应征增值税不含税销售额（5%征收率）	4	—	200000	—	200000
	增值税专用发票不含税销售额	5	—		—	
	其他增值税发票不含税销售额	6	—	200000	—	200000
	（三）销售使用过的固定资产不含税销售额	7（7≥8）		—		—
	其中：其他增值税发票不含税销售额	8		—		—
	（四）免税销售额	9=10+11+12	100000	100000	100000	100000

续表

	项 目	栏次	本期数		本年累计	
			货物及劳务	服务、不动产和无形资产	货物及劳务	服务、不动产和无形资产
一、计税依据	其中：小微企业免税销售额	10	100000	100000	100000	100000
	未达起征点销售额	11				
	其他免税销售额	12				
	（五）出口免税销售额	13（13 ≥ 14）				
	其中：其他增值税发票不含税销售额	14				
二、税款计算	本期应纳税额	15		10000		10000
	本期应纳税额减征额	16				
	本期免税额	17	1000	1000	1000	1000
	其中：小微企业免税额	18	1000	1000	1000	1000
	未达起征点免税额	19				
	应纳税额合计	20=15-16		10000		10000
	本期预缴税额	21			—	—
	本期应补（退）税额	22=20-21		10000	—	—
三、附加税费	城市维护建设税本期应补（退）税额	23	350		350	
	教育费附加本期应补（退）费额	24	150		150	
	地方教育附加本期应补（退）费额	25	100		100	

《增值税及附加税费申报表（小规模纳税人适用）附列资料（一）》具体填写示例见表 2-12。

表 2-12 《增值税及附加税费申报表（小规模纳税人适用）附列资料（一）》填写示例

增值税及附加税费申报表（小规模纳税人适用）附列资料（一）
（服务、不动产和无形资产扣除项目明细）

税款所属期：2022 年 1 月 1 日至 2022 年 3 月 31 日　　填表日期：　年　月　日
纳税人名称（公章）：　　金额单位：元

应税行为（3% 征收率）扣除额计算			
期初余额	本期发生额	本期扣除额	期末余额
1	2	3（3 ≤ 1+2 之和，且 3 ≤ 5）	4=1+2-3
0	101000	101000	0
应税行为（3% 征收率）计税销售额计算			
全部含税收入（适用 3% 征收率）	本期扣除额	含税销售额	不含税销售额
5	6=3	7=5-6	8=7 ÷ 1.03
202000	101000	101000	100000

注：自 2021 年 4 月 1 日至 2022 年 3 月 31 日，增值税小规模纳税人适用 3% 征收率的应税销售收入，减按 1% 征收率征收增值税。

A 公司本期实际应纳增值税 10000 元、城市维护建设税 350 元、教育费附加 150 元、地方教育附加 100 元。

2.2 消费税及附加税费纳税申报

2.2.1 烟类应税消费品消费税及附加税费申报

2.2.1.1 事项概述

从事烟类应税消费品生产、委托加工、批发的纳税人，应当依照法律、行政法规规定或者税务机关确定的申报期限、申报内容办理消费税纳税申报。

2.2.1.2 报送资料

纳税人办理烟类应税消费品消费税及附加税费申报需要报送的资料见表 2–13。

表 2–13　　烟类应税消费品消费税纳税申报报送资料

<table>
<tr><th>序号</th><th colspan="2">报送资料</th><th>数量</th><th>备注</th></tr>
<tr><td>1</td><td colspan="2">《消费税及附加税费申报表》</td><td>2 份</td><td></td></tr>
<tr><th colspan="2">适用情形</th><th>条件报送资料</th><th>数量</th><th>备注</th></tr>
<tr><td colspan="2" rowspan="2">外购已税烟丝用于连续生产卷烟的纳税人</td><td>外购应税消费品增值税专用发票抵扣联复印件</td><td>1 份</td><td></td></tr>
<tr><td>外购应税消费品增值税专用发票（汇总填开）销货清单复印件</td><td>1 份</td><td></td></tr>
<tr><td colspan="2">将委托加工收回的已税烟丝用于连续生产卷烟的纳税人</td><td>《代扣代收税款凭证》复印件</td><td>1 份</td><td></td></tr>
<tr><td colspan="2">进口已税烟丝用于连续生产卷烟的纳税人</td><td>《海关进口消费税专用缴款书》复印件</td><td>1 份</td><td></td></tr>
<tr><td colspan="2">委托方以高于受托方的计税价格出售应税消费品时</td><td>《代扣代收税款凭证》复印件</td><td>1 份</td><td></td></tr>
</table>

温馨提示

烟类应税消费品是指以烟叶为原料加工生产的产品，包括卷烟、雪茄烟、烟丝 3 个子目。

【案例 2-5】

A 公司是一家位于市区从事卷烟批发的小型微利企业，2022 年 1 月批发销售卷烟 500 箱，其中，批发给另一卷烟批发企业 300 箱，给卷烟零售专卖店 150 箱，个体工商户零售点 50 箱。每箱不含税批发价格为 13000 元。A 公司在 2 月征收期应该如何申报消费税?

解析：

根据《财政部　国家税务总局关于调整卷烟消费税的通知》（财税〔2015〕60 号）的规定，卷烟批发环节从价税税率为 11%，从量税税额为 0.005 元 / 支，250 元 / 箱。根据《财政部　国家税务总局关于调整烟产品消费税政策的通知》（财税〔2009〕84 号）的规定，从事卷烟批发的消费税纳税人之间销售的卷烟不缴纳消费税。根据《财政部　税务总局关于进一步实施小微企业“六税两费”减免政策的公告》（财政部　税务总局公告 2022 年第 10 号），自 2022 年 1 月 1 日至 2024 年 12 月 31 日，由省、自治区、直辖市人民政府根据本地区实际情况，以及宏观调控需要确定，对增值税小规模纳税人、小型微利企业和个体工商户可以在 50% 的税额幅度内减征资源税、城市维护建设税、房产税、城镇土地使用税、印花税（不含证券交易印花税）、耕地占用税和教育费附加、地方教育附加。该公司为小型微利企业，可以在 50% 税费额度内减征城市维护建设税、教育费附加、地方教育附加。

A 公司 1 月应缴纳消费税 =（150 + 50）× 13000 × 11% +（150 + 50）× 250 = 336000（元）

《消费税及附加税费申报表》具体填写示例见表 2-14。

表 2-14　　　　《消费税及附加税费申报表》填写示例

消费税及附加税费申报表

税款所属期：2022 年 1 月 1 日至 2022 年 1 月 31 日

纳税人识别号（统一社会信用代码）：□□□□□□□□□□□□□□□□□□□□□□□□□

纳税人名称：　　　　　　　　　　　　　　　　　　　　　　　　　金额单位：元

项目 应税消费品名称	适用税率		计量单位	本期销售数量	本期销售额	本期应纳税额
	定额税率	比例税率				
	1	2	3	4	5	6=1×4+2×5
卷烟	250	11%	箱	200	2600000	336000
合计		—				336000
				栏次	本期税费额	
本期减（免）税额				7		
期初留抵税额				8		
本期准予扣除税额				9		
本期应扣除税额				10=8+9		
本期实际扣除税额				11［10<（6−7），则为 10，否则为 6−7］		
期末留抵税额				12=10−11		
本期预缴税额				13		
本期应补（退）税额				14=6−7−11−13	336000	
城市维护建设税本期应补（退）税额				15	11760	
教育费附加本期应补（退）费额				16	5040	
地方教育附加本期应补（退）费额				17	3360	

2.2.2　酒类应税消费品消费税申报

2.2.2.1　事项概述

从事酒类应税消费品生产、委托加工的纳税人，依照法律、行政法规规定或者税务机关确定的申报期限、申报内容办理消费税纳税申报。

2.2.2.2　报送资料

纳税人办理酒类应税消费品消费税纳税申报需要报送的资料见表2-15。

表2-15　　酒类应税消费品消费税纳税申报报送资料

序号	报送资料	数量	备注
1	《消费税及附加税费申报表》	2份	
适用情形	**条件报送资料**	**数量**	**备注**
委托方以高于受托方的计税价格出售应税消费品时	《代扣代收税款凭证》复印件	1份	
白酒生产企业	《已核定最低计税价格白酒清单》	1份	

温馨提示

（1）酒类应税消费品包括白酒、黄酒、啤酒、其他酒4个子目。

（2）《消费税及附加税费申报表》“本期销售数量”为《中华人民共和国消费税暂行条例》《中华人民共和国消费税暂行条例实施细则》及其他法规、规章规定的当期应申报缴纳消费税的酒类应税消费品销售（不含出口免税）数量。计量单位：粮食白酒和薯类白酒为斤（如果实际销售商品按照体积标注计量单位，应按500毫升为1斤换算），啤酒、黄酒和其他酒为吨。

（3）根据《中华人民共和国消费税暂行条例》和《财政部　国家税务总局关于调整酒类产品消费税政策的通知》（财税〔2001〕84号）的规定，《消费税及附加税费申报表》“本期应纳税额”计算公式如下：

粮食白酒、薯类白酒应纳税额 = 销售数量 × 定额税率 + 销售额 × 比例税率

啤酒、黄酒应纳税额 = 销售数量 × 定额税率

其他酒应纳税额 = 销售额 × 比例税率

（4）以外购啤酒液为原料连续生产啤酒的纳税人、以从生产企业购进或进口葡萄酒为原料连续生产葡萄酒的纳税人填报《本期准予扣除税额计算表》。

【案例 2-6】

2022 年 1 月，位于市区的 A 公司销售粮食白酒 100 吨，当月取得不含增值税销售额 148 万元。A 公司应该如何申报 1 月消费税？

解析：

生产企业生产销售白酒的消费税采用复合计税方法，应纳税额 = 销售额 × 比例税率 + 销售数量 × 定额税率 = 1480000 × 20% + 200000 × 0.5 = 396000（元）。

《消费税及附加税费申报表》填写示例见表 2-16。

表 2-16　　《消费税及附加税费申报表》填写示例

消费税及附加税费申报表

税款所属期：2022 年 1 月 1 日至 2022 年 1 月 31 日

纳税人识别号（统一社会信用代码）：□□□□□□□□□□□□□□□□□□□□□□□□□

纳税人名称：　　金额单位：元

项目 应税消费品名称	适用税率		计量单位	本期销售数量	本期销售额	本期应纳税额
	定额税率	比例税率				
	1	2	3	4	5	6=1×4+2×5
粮食白酒	0.5	20%	斤	200000	1480000	396000
合计		—				396000
				栏次	本期税费额	
本期减（免）税额				7		
期初留抵税额				8		

2

经常性申报事项

续表

	栏次	本期税费额
本期准予扣除税额	9	
本期应扣除税额	10=8+9	
本期实际扣除税额	11［10<（6–7），则为 10，否则为 6–7］	
期末留抵税额	12=10–11	
本期预缴税额	13	
本期应补（退）税额	14=6–7–11–13	396000
城市维护建设税本期应补（退）税额	15	27720
教育费附加本期应补（退）费额	16	11880
地方教育附加本期应补（退）费额	17	7920

2.2.3 成品油应税消费品纳税申报

2.2.3.1 事项概述

从事成品油应税消费品生产、委托加工的纳税人，依照法律、行政法规规定或者税务机关确定的申报期限、申报内容办理消费税纳税申报。

2.2.3.2 报送资料

纳税人办理成品油消费税纳税申报需要报送的资料见表 2–17。

表 2–17 成品油消费税纳税申报报送资料

序号	报送资料	数量	备注
1	《消费税及附加税费申报表》	2 份	
适用情形	**条件报送资料**	**数量**	**备注**
外购已税汽油、柴油、石脑油、燃料油、润滑油用于连续生产应税成品油的纳税人	外购应税消费品增值税专用发票抵扣联复印件	1 份	
	外购应税消费品增值税专用发票（汇总填开）销货清单复印件	1 份	

续表

适用情形	条件报送资料	数量	备注
委托加工收回已税汽油、柴油、石脑油、燃料油、润滑油用于连续生产应税成品油的纳税人	《代扣代收税款凭证》复印件	1份	
进口已税汽油、柴油、石脑油、燃料油、润滑油用于连续生产应税成品油的纳税人	《海关进口消费税专用缴款书》复印件	1份	
石脑油、燃料油生产企业	《生产企业销售含税石脑油、燃料油完税情况明细表》	1份	
执行定点直供计划销售石脑油、燃料油，且开具普通版增值税专用发票的纳税人	《生产企业定点直供石脑油、燃料油开具普通版增值税专用发票明细表》	1份	
石脑油、燃料油使用企业	《使用企业外购石脑油、燃料油凭证明细表》	1份	
	《石脑油、燃料油生产、外购、耗用、库存月度统计表》	1份	
石脑油、燃料油使用企业	《乙烯、芳烃生产装置投入产出流量计统计表》	1份	
	《使用企业外购石脑油、燃料油凭证明细表》中“外购含税油品”项“消费税税款缴纳凭证号码”所对应的消费税税款缴纳凭证的复印件	1份	
	当期外购石脑油、燃料油取得认证相符的普通版及汉字防伪版（非DDZG）增值税专用发票复印件	1份	
	进口货物报关单、海关进口消费税专用缴款书、自动进口许可证等材料复印件	1份	
委托方以高于受托方的计税价格出售应税消费品时	《代扣代收税款凭证》复印件	1份	

温馨提示

（1）成品油应税消费品包括汽油、柴油、航空煤油、石脑油、溶剂油、润滑油、燃料油 7 个子目。

（2）应当申报缴纳成品油消费税的应税消费品（含外购、进口直接销售的应税消费品，不含出口免税、委托加工收回直接销售的应税消费品）销售数量。用自产汽油生产的乙醇汽油，按照生产乙醇汽油所耗用的汽油数量申报；以废矿物油生产的润滑油基础油为原料生产的润滑油，按扣除耗用的废矿物油生产的润滑油基础油后的数量申报。

（3）纳税人外购、进口或委托加工收回的已税汽油、柴油、石脑油、润滑油、燃料油进行连续生产应税消费品等，须填报《本期准予扣除税额计算表（成品油纳税人适用）》。

【案例 2-7】

A 公司为成品油生产企业，2022 年 1 月销售无铅汽油 20000 升、柴油 30000 升、石脑油 10000 升、润滑油 10000 升。A 公司应该如何申报 1 月消费税？

解析：

A 公司应按照所生产的不同成品油税目分别填列应税消费品销售数量，应纳消费税税额 = 销售数量 × 适用税率。

A 公司 2022 年 1 月应纳消费税税额 = 20000 × 1.52 + 30000 × 1.2 + 10000 × 1.52 + 10000 × 1.52 = 96800（元）

应纳城市维护建设税税额 = 96800 × 7% = 6776（元）

应纳教育费附加费额 = 96800 × 3% = 2904（元）

应纳地方教育附加费额 = 96800 × 2% = 1936（元）

《消费税及附加税费申报表》填写示例见表 2-18。

表 2-18 《消费税及附加税费申报表》填写示例

消费税及附加税费申报表

税款所属期：2022 年 1 月 1 日至 2022 年 1 月 31 日

纳税人识别号（统一社会信用代码）：□□□□□□□□□□□□□□□□□□□□□□□□

纳税人名称：　　　　　　　　　　　　　　　　　　　　　　金额单位：元

应税消费品名称＼项目	适用税率		计量单位	本期销售数量	本期销售额	本期应纳税额
	定额税率	比例税率				
	1	2	3	4	5	6=1×4+2×5
汽油	1.52		升	20000		30400
柴油	1.2		升	30000		36000
石脑油	1.52		升	10000		15200
润滑油	1.52		升	10000		15200
合计		—				96800

	栏次	本期税费额
本期减（免）税额	7	
期初留抵税额	8	
本期准予扣除税额	9	
本期应扣除税额	10=8+9	
本期实际扣除税额	11［10<（6-7），则为 10，否则为 6-7］	
期末留抵税额	12=10-11	
本期预缴税额	13	
本期应补（退）税额	14=6-7-11-13	96800
城市维护建设税本期应补（退）税额	15	6776
教育费附加本期应补（退）费额	16	2904
地方教育附加本期应补（退）费额	17	1936

2.2.4 小汽车消费税申报

2.2.4.1 事项概述

从事小汽车应税消费品生产、委托加工、零售的纳税人，依照法律、行政法规规定或者税务机关确定的申报期限、申报内容办理消费税纳税申报。

2.2.4.2 报送资料

纳税人办理小汽车消费税纳税申报需要报送的资料见表2–19。

表2–19 小汽车消费税纳税申报报送资料

<table>
<tr><th>序号</th><th colspan="2">报送资料</th><th>数量</th><th>备注</th></tr>
<tr><td>1</td><td colspan="2">《消费税及附加税费申报表》</td><td>2份</td><td></td></tr>
<tr><th colspan="2">适用情形</th><th>条件报送资料</th><th>数量</th><th>备注</th></tr>
<tr><td colspan="2">委托方以高于受托方的计税价格出售应税消费品时</td><td>《代扣代收税款凭证》复印件</td><td>1份</td><td></td></tr>
</table>

温馨提示

（1）小汽车应税消费品包括乘用车、中轻型商用客车、超豪华小汽车3个子目。

（2）超豪华小汽车的征收范围为每辆零售价格130万元（不含增值税）及以上的乘用车和中轻型商用客车。对超豪华小汽车，在生产（进口）环节按现行税率征收消费税的基础上，在零售环节加征消费税，税率为10%。

（3）将超豪华小汽车销售给消费者的单位和个人为超豪华小汽车零售环节纳税人。

【案例 2-8】

B 公司是小汽车生产企业，2022 年 1 月销售气缸容量为 2 升的乘用小汽车 100 辆，销售额为 1000 万元，销售气缸容量为 2.2 升的乘用小汽车 50 辆，销售额为 750 万元。B 公司应如何申报 1 月的消费税?

解析：

B 公司生产的乘用小汽车为应税消费品，适用从价定率计算方法，根据气缸容量的不同适用税率不同，将小汽车的销售数量和销售额对应填列相应栏次。

应纳税额 = 应税消费品的销售额 × 比例税率 = 10000000 × 5% + 7500000 × 9% = 1175000（元）

应纳城市维护建设税税额 =1175000 × 7% = 82250（元）

应纳教育费附加费额 = 1175000 × 3% = 35250（元）

应纳地方教育附加费额 = 1175000 × 2% = 23500（元）

《消费税及附加税费申报表》填写示例见表 2-20。

表 2-20　　《消费税及附加税费申报表》填写示例

消费税及附加税费申报表

税款所属期：2022 年 1 月 1 日至 2022 年 1 月 31 日

纳税人识别号（统一社会信用代码）：□□□□□□□□□□□□□□□□□□□□□□□□□

纳税人名称：　　金额单位：元

项目 应税消费品名称	适用税率		计量单位	本期销售数量	本期销售额	本期应纳税额
	定额税率	比例税率				
	1	2	3	4	5	6=1 × 4+2 × 5
小汽车（1.5 升<气缸容量≤ 2.0 升）		5%	辆	100	10000000	500000

续表

项目 / 应税消费品名称	适用税率		计量单位	本期销售数量	本期销售额	本期应纳税额
	定额税率	比例税率				
	1	2	3	4	5	6=1×4+2×5
小汽车（2.0升<气缸容量≤2.5升）		9%	辆	50	7500000	675000
合计		—				1175000

	栏次	本期税费额
本期减（免）税额	7	
期初留抵税额	8	
本期准予扣除税额	9	
本期应扣除税额	10=8+9	
本期实际扣除税额	11［10<（6–7），则为10，否则为6–7］	
期末留抵税额	12=10–11	
本期预缴税额	13	
本期应补（退）税额	14=6–7–11–13	1175000
城市维护建设税本期应补（退）税额	15	82250
教育费附加本期应补（退）费额	16	35250
地方教育附加本期应补（退）费额	17	23500

2.2.5 电池消费税申报

2.2.5.1 事项概述

从事电池生产、委托加工的纳税人，依照法律、行政法规规定或者税务机关确定的申报期限、申报内容办理消费税纳税申报。

2.2.5.2 报送资料

纳税人办理电池消费税纳税申报需要报送的资料见表2–21。

表 2-21　　电池消费税纳税申报所需资料

序号	报送资料	数量	备注
1	《消费税及附加税费申报表》	2份	

适用情形	条件报送资料	数量	备注
委托方以高于受托方的计税价格出售应税消费品时	《代扣代收税款凭证》复印件	1份	

温馨提示

（1）电池应税消费品包括原电池、蓄电池、燃料电池、太阳能电池和其他电池5个子目。

（2）《消费税及附加税费申报表》“本期应纳税额”栏，填写本期按4%适用税率计算缴纳的消费税应纳税额，计算公式为：

应纳税额 = 销售额 × 4%

（3）纳税人应当建立《电池、涂料税款抵扣台账》，作为申报扣除委托加工收回应税消费品已纳消费税税款的备查资料。

【案例 2-9】

B公司为电池生产企业，位于市区，不属于小型微利企业，2022年1月销售铅蓄电池10000只，取得不含税销售额100万元。B公司应如何申报1月消费税?

解析：

电池消费税适用从价定率计算方法，应纳税额 = 应税消费品的销售额 × 比例税率 = 1000000 × 4% = 40000（元）。

《消费税及附加税费申报表》填写示例见表2-22。

表 2-22　　《消费税及附加税费申报表》填写示例

消费税及附加税费申报表

税款所属期：2022 年 1 月 1 日至 2022 年 1 月 31 日

纳税人识别号（统一社会信用代码）：□□□□□□□□□□□□□□□□□□□□□□□□

纳税人名称：　　　　　　　　　　　　　　　　　　　　　　　　　　金额单位：元

项目 应税消费品名称	适用税率		计量单位	本期销售数量	本期销售额	本期应纳税额
	定额税率	比例税率				
	1	2	3	4	5	6=1×4+2×5
电池		4%	只	10000	1000000	40000
合计	—	—	—	—	—	40000

	栏次	本期税费额
本期减（免）税额	7	
期初留抵税额	8	
本期准予扣除税额	9	
本期应扣除税额	10=8+9	
本期实际扣除税额	11［10<（6-7），则为 10，否则为 6-7］	
期末留抵税额	12=10-11	
本期预缴税额	13	
本期应补（退）税额	14=6-7-11-13	40000
城市维护建设税本期应补（退）税额	15	2800
教育费附加本期应补（退）费额	16	1200
地方教育附加本期应补（退）费额	17	800

2.2.6　涂料消费税申报

2.2.6.1　事项概述

从事涂料生产、委托加工的纳税人，依照法律、行政法规规定或者税务机关确定的申报期限、申报内容办理消费税纳税申报。

2.2.6.2 报送资料

纳税人办理涂料消费税纳税申报需要报送的资料见表 2–23。

表 2–23 涂料消费税纳税申报报送资料

序号	报送资料	数量	备注
1	《消费税及附加税费申报表》	2 份	
适用情形	**条件报送资料**	**数量**	**备注**
委托方以高于受托方的计税价格出售应税消费品时	《代扣代收税款凭证》复印件	1 份	

温馨提示

（1）涂料是指涂于物体表面能形成具有保护、装饰或特殊性能的固态涂膜的一类液体或固体材料的总称。

（2）施工状态下挥发性有机物（Volatile Organic Compounds，VOC）含量低于 420 克 / 升（含）的涂料免征消费税。

（3）纳税人应当建立《电池、涂料税款抵扣台账》，作为申报扣除委托加工收回应税消费品已纳消费税税款的备查资料。

【案例 2–10】

A 公司为涂料生产企业，位于市区，不属于小型微利企业，2022 年 1 月生产涂料 20 吨，取得不含税销售额为 100 万元。A 公司应当如何申报 1 月的消费税？

解析：

A 公司生产的涂料为应税消费品，适用从价定率计算方法，应纳税额＝应税消费品的销售额 × 比例税率＝1000000×4%＝40000（元）。

《消费税及附加税费申报表》填写示例见表 2-24。

表 2-24　　《消费税及附加税费申报表》填写示例

消费税及附加税费申报表

税款所属期：2022 年 1 月 1 日至 2022 年 1 月 31 日

纳税人识别号（统一社会信用代码）：□□□□□□□□□□□□□□□□□□□□□□□□□

纳税人名称：　　　　　　　　　　　　　　　　　　　　　　　　金额单位：元

项目 应税 消费品名称	适用税率		计量单位	本期 销售数量	本期 销售额	本期 应纳税额
	定额税率	比例税率				
	1	2	3	4	5	6=1×4+2×5
涂料		4%	吨	20	1000000	40000
合计	—	—	—	—	—	40000
				栏次	本期税费额	
本期减（免）税额				7		
期初留抵税额				8		
本期准予扣除税额				9		
本期应扣除税额				10=8+9		
本期实际扣除税额				11［10<（6-7），则为 10，否则为 6-7］		
期末留抵税额				12=10-11		
本期预缴税额				13		
本期应补（退）税额				14=6-7-11-13	40000	
城市维护建设税本期应补（退）税额				15	2800	
教育费附加本期应补（退）费额				16	1200	
地方教育附加本期应补（退）费额				17	800	

2.2.7 其他类消费税申报

2.2.7.1 其他类消费税申报概述

从事高档化妆品、贵重首饰及珠宝玉石、鞭炮焰火、气缸容量 250 毫升（含）以上摩托车、高尔夫球及球具、高档手表、游艇、木制一次性筷子及实木地板等应税消费品生产、委托加工、零售的纳税人，依照法律、行政法规规定或者税务机关确定的申报期限、申报内容申报缴纳消费税。

2.2.7.2 报送资料

纳税人办理其他类消费品消费税纳税申报需要报送的资料见表 2–25。

表 2–25　　其他应税消费品纳税申报报送资料

序号	报送资料	数量	备注
1	《消费税及附加税费申报表》	2 份	
适用情形	条件报送资料	数量	备注
纳税人以外购的已税高档化妆品生产的高档化妆品	外购应税消费品增值税专用发票抵扣联复印件； 外购应税消费品增值税专用发票（汇总填开）销货清单复印件	1 份	
纳税人以外购的已税珠宝玉石生产的贵重首饰及珠宝玉石			
纳税人以外购的已税鞭炮、焰火生产的鞭炮、焰火			
纳税人以外购的已税杆头、杆身和握把为原料生产的高尔夫球杆			
纳税人以外购的已税木制一次性筷子为原料生产的木制一次性筷子			
纳税人以外购的已税实木地板为原料生产的实木地板			
纳税人以外购的已税摩托车连续生产的应税摩托车			

续表

适用情形	条件报送资料	数量	备注
纳税人以委托加工收回的已税高档化妆品生产的高档化妆品	《代扣代收税款凭证》复印件	1份	
纳税人以委托加工收回的已税珠宝玉石生产的贵重首饰及珠宝玉石			
纳税人以委托加工收回的已税鞭炮、焰火生产的鞭炮、焰火			
纳税人以委托加工收回的已税杆头、杆身和握把为原料生产的高尔夫球杆			
纳税人以委托加工收回的已税木制一次性筷子为原料生产的木制一次性筷子	《代扣代收税款凭证》复印件	1份	
纳税人以委托加工收回的已税实木地板为原料生产的实木地板			
纳税人以委托加工收回的已税摩托车连续生产的应税摩托车			
纳税人以进口的已税高档化妆品生产的高档化妆品	《海关进口消费税专用缴款书》复印件	1份	
纳税人以进口的已税珠宝玉石生产的贵重首饰及珠宝玉石			
纳税人以进口的已税鞭炮、焰火生产的鞭炮、焰火			
纳税人以进口的已税杆头、杆身和握把为原料生产的高尔夫球杆			
纳税人以进口的已税木制一次性筷子为原料生产的木制一次性筷子			
纳税人以进口的已税实木地板为原料生产的实木地板			
纳税人以进口的已税摩托车连续生产的应税摩托车			
委托方以高于受托方的计税价格出售应税消费品	《代扣代收税款凭证》复印件	1份	

温馨提示

（1）高档化妆品应税消费品，包括各种高档美容、修饰类化妆品、高档护肤类化妆品和成套化妆品。

（2）贵重首饰及珠宝玉石应税消费品包括金、银、白金、宝石、珍珠、钻石、翡翠、珊瑚、玛瑙等高贵稀有物质以及其他金属、人造宝石等制作的各种纯金银首饰及镶嵌首饰（含人造金银、合成金银首饰等）。

（3）鞭炮、焰火应税消费品包括各种鞭炮和焰火。

（4）气缸容量 250 毫升（含）以上摩托车应税消费品包括轻便摩托车和摩托车 2 个子目。

（5）高尔夫球及球具应税消费品包括高尔夫球、高尔夫球杆及高尔夫球包（袋）等。

（6）高档手表应税消费品包括销售价格（不含增值税）每只在 10000 元（含）以上的各类手表。

（7）游艇应税消费品包括无动力艇、帆艇和机动艇 3 个子目。

（8）木制一次性筷子应税消费品包括各种规格的木制一次性筷子。

（9）实木地板应税消费品按生产工艺不同，可分为独板（块）实木地板、实木指接地板、实木复合地板三类；按表面处理状态不同，可分为未涂饰地板（白坯板、素板）和漆饰地板两类。

【案例 2-11】

B 公司为化妆品生产企业，2022 年 1 月购入一批已税高档化妆品，取得增值税专用发票上注明的价款为 10 万元，用于生产新型高档化妆品，并于当月全部领用投入生产。本月向某大型商场销售高档化妆品一批，取得不含增值税销售额 30 万元。B 公司如何申报缴纳 1 月的消费税？（假设 B 公司期初外购已税高档化妆品存货为 0，无期初未缴税款。）

解析：

B公司生产的高档化妆品为应税消费品，适用税率为15%，外购的已缴纳消费税的高档化妆品用于连续生产应税消费品，根据《国家税务总局关于用外购和委托加工收回的应税消费品连续生产应税消费品征收消费税问题的通知》（国税发〔1995〕94号）第二条的规定，当期准予扣除的外购应税消费品已纳税款＝当期准予扣除的外购应税消费品买价×外购应税消费品适用税率，当期准予扣除的外购应税消费品买价＝期初库存的外购应税消费品的买价＋当期购进的应税消费品的买价－期末库存的外购应税消费品的买价。

B公司应缴纳的消费税税额＝销售额×比例税率－当期准予扣除的外购应税消费品已纳税款＝300000×15%－100000×15%＝30000（元）

《消费税及附加税费申报表》填写示例见表2-26。

表2-26　《消费税及附加税费申报表》填写示例

消费税及附加税费申报表

税款所属期：2022年1月1日至2022年1月31日

纳税人识别号（统一社会信用代码）：□□□□□□□□□□□□□□□□□□□□□□□□□

纳税人名称：

金额单位：元

项目 应税消费品名称	适用税率		计量单位	本期销售数量	本期销售额	本期应纳税额
	定额税率	比例税率				
	1	2	3	4	5	6=1×4+2×5
高档化妆品		15%			300000	45000
合计	—	—				45000

	栏次	本期税费额
本期减（免）税额	7	
期初留抵税额	8	
本期准予扣除税额	9	15000

续表

	栏次	本期税费额
本期应扣除税额	10=8+9	15000
本期实际扣除税额	11［10<（6–7），则为 10，否则为 6–7］	15000
期末留抵税额	12=10–11	
本期预缴税额	13	
本期应补（退）税额	14=6–7–11–13	30000
城市维护建设税本期应补（退）税额	15	2100
教育费附加本期应补（退）费额	16	900
地方教育附加本期应补（退）费额	17	600

2.3 居民企业所得税申报

2.3.1 居民企业所得税月（季）度预缴纳税申报（适用查账征收）

2.3.1.1 事项概述

实行查账征收方式的居民企业，应当就其来源于中国境内、境外的所得，在季度或月份终了后 15 日内向主管税务机关办理企业所得税月（季）度预缴申报。

2.3.1.2 报送资料

实行查账征收方式的居民企业办理企业所得税月（季）度预缴纳税申报需要报送的资料见表 2–27。

表 2–27 居民企业所得税月（季）度预缴纳税申报报送资料（适用查账征收）

序号	报送资料	数量	备注
1	《中华人民共和国企业所得税月（季）度预缴纳税申报表（A 类）》	2 份	
适用情形	**条件报送资料**	**数量**	**备注**
有直接管理的跨地区设立的项目部的建筑企业总机构	建筑企业总机构直接管理的跨地区经营项目部就地预缴税款的完税证明	1 份	原件查验后退回
跨省、自治区、直辖市和计划单列市设立的，实行汇总纳税办法的居民企业（分支机构）	《企业所得税汇总纳税分支机构所得税分配表》复印件	1 份	经总机构所在地主管税务机关受理的
符合条件的境外投资居民企业	《居民企业参股外国企业信息报告表》	1 份	
适用股权激励和技术入股递延纳税政策的企业	《技术成果投资入股企业所得税递延纳税备案表》	1 份	投资完成后首次预缴申报时报送
在同一省、自治区、直辖市和计划单列市内跨地、市（区、县）设立的，实行汇总纳税办法的居民企业，总分机构应报送省税务机关规定的相关资料			

温馨提示

（1）符合条件的小型微利企业，实行按季申报预缴企业所得税。

（2）符合享受企业所得税优惠条件的纳税人，采取“自行判别、申报享受、相关资料留存备查”的办理方式，通过填报企业所得税纳税申报表享受税收优惠。

（3）自 2021 年 1 月 1 日至 2022 年 12 月 31 日，对小型微利企业年应纳税所得额不超过 100 万元的部分，减按 12.5% 计入应纳税所得额，按 20% 的税率缴纳企业所得税。

（4）自 2022 年 1 月 1 日至 2024 年 12 月 31 日，对小型微利企业年应纳税所得额超过 100 万元但不超过 300 万元的部分，减按 25% 计入应纳税所得额，按 20% 的税率缴纳企业所得税。

（5）建筑企业总机构直接管理的跨地区设立的项目部，应按项目实际经营收入的 0.2% 按月或按季由总机构向项目所在地预分企业所得税，并由项目部向所在地主管税务机关预缴。

【案例 2–12】

A 公司是一家从事商贸批发零售的小型微利企业，现有员工 260 人，资产总额 800 万元，2021 年应纳所得税额为 280 万元；2022 年第一季度应纳税所得额为 200 万元。A 公司如何申报第一季度的企业所得税?

解析：

小型微利企业是指从事国家非限制和禁止行业，且同时符合年度应纳税所得额不超过 300 万元、从业人数不超过 300 人、资产总额不超过 5000 万元三个条件的企业。根据《财政部　税务总局关于实施小微企业和个体工商户所得税优惠政策的公告》（财政部　税务总局公告2021年第12号）第一条的规定，自2021年1月1日至2022年12月31日，对小型微利企业年应纳税所得额不超过100万元的部分，减按12.5%计入应纳税所得额，按20%的税率缴纳企业所得税。

根据《财政部　税务总局关于进一步实施小微企业所得税优惠政策的公告》（财政部　税务总局公告2022年第13号）第一条的规定，自2022年1月1日至2024年12月31日，对小型微利企业年应纳税所得额超过100万元但不超过300万元的部分，减按25%计入应纳税所得额，按20%的税率缴纳企业所得税。

2022年第一季度，A公司应申报缴纳企业所得税 = 1000000 × 12.5% × 20% +（2000000 – 1000000）× 25% × 20% = 75000（元）。

2022年第一季度，A公司减免的企业所得税 = 2000000 × 25% –75000 = 425000（元）。

《中华人民共和国企业所得税月（季）度预缴纳税申报表（A类）》填写示例见表2–28。

表2–28　《中华人民共和国企业所得税月（季）度预缴纳税申报表（A类）》填写示例

A200000　中华人民共和国企业所得税月（季）度预缴纳税申报表（A类）

税款所属期：2022年1月1日至2022年3月31日

纳税人识别号（统一社会信用代码）：□□□□□□□□□□□□□□□□□□□□□□□□□

纳税人名称：　　　　金额单位：元

优惠及附报事项有关信息									
项目	一季度		二季度		三季度		四季度		季度平均值
	季初	季末	季初	季末	季初	季末	季初	季末	
从业人数	260								
资产总额（万元）	800								
国家限制或禁止行业	□是　☑否				小型微利企业				☑是 □否

续表

	附报事项名称	金额或选项
事项 1	（填写特定事项名称）	
事项 2	（填写特定事项名称）	

	预缴税款计算	本年累计
1	营业收入	
2	营业成本	
3	利润总额	
4	加：特定业务计算的应纳税所得额	
5	减：不征税收入	
6	减：资产加速折旧、摊销（扣除）调减额（填写 A201020）	
7	减：免税收入、减计收入、加计扣除（7.1+7.2+…）	
7.1	（填写优惠事项名称）	
7.2	（填写优惠事项名称）	
8	减：所得减免（8.1+8.2+…）	
8.1	（填写优惠事项名称）	
8.2	（填写优惠事项名称）	
9	减：弥补以前年度亏损	
10	实际利润额（3+4–5–6–7–8–9）\ 按照上一纳税年度应纳税所得额平均额确定的应纳税所得额	2000000
11	税率（25%）	
12	应纳所得税额（10×11）	500000
13	减：减免所得税额（13.1+13.2+…）	425000
13.1	符合条件的小型微利企业减免企业所得税	425000
13.2	（填写优惠事项名称）	
14	减：本年实际已缴纳所得税额	
15	减：特定业务预缴（征）所得税额	
16	本期应补（退）所得税额（12–13–14–15）\ 税务机关确定的本期应纳所得税额	75000

续表

汇总纳税企业总分机构税款计算			
17	总机构	总机构本期分摊应补（退）所得税额（18+19+20）	
18		其中：总机构分摊应补（退）所得税额（16× 总机构分摊比例__%）	
19		财政集中分配应补（退）所得税额（16× 财政集中分配比例__%）	
20		总机构具有主体生产经营职能的部门分摊所得税额（16× 全部分支机构分摊比例__%× 总机构具有主体生产经营职能部门分摊比例__%）	
21	分支机构	分支机构本期分摊比例	
22		分支机构本期分摊应补（退）所得税额	
实际缴纳企业所得税计算			
23	减：民族自治地区企业所得税地方分享部分： □免征 □减征：减征幅度__%	本年累计应减免金额［（12-13-15）×40%× 减征幅度］	
24	实际应补（退）所得税额		75000

【案例 2-13】

B 公司是一家大型建筑材料生产企业，现有员工 350 人，资产总额 3000 万元。2022 年第一季度 B 公司营业收入 1000 万元，营业成本 800 万元，应纳税所得额为 200 万元。B 公司应如何填写申报表？

解析：

小型微利企业是指从事国家非限制和禁止行业，且同时符合年度应纳税所得额不超过 300 万元、从业人数不超过 300 人、资产总额不超过 5000 万元三个条件的企业。B 公司从业人数超过小型微利企业标准，不能享受小型微利企业所得税优惠，应按企业所得税法定税率计算缴纳企业所得税。

B 公司 2022 年第一季度应申报缴纳企业所得税 = 2000000 × 25% = 500000（元）

《中华人民共和国企业所得税月（季）度预缴纳税申报表（A 类）》填写示例见表 2–29。

表 2–29 《中华人民共和国企业所得税月（季）度预缴纳税申报表（A 类）》填写示例

A200000　中华人民共和国企业所得税月（季）度预缴纳税申报表（A 类）

税款所属期：2022 年 1 月 1 日至 2022 年 3 月 31 日

纳税人识别号（统一社会信用代码）：□□□□□□□□□□□□□□□□□□□□

纳税人名称：　　　　金额单位：元

优惠及附报事项有关信息									
项目	一季度		二季度		三季度		四季度		季度平均值
	季初	季末	季初	季末	季初	季末	季初	季末	
从业人数	350								
资产总额（万元）	3000								
国家限制或禁止行业	□是 ☑否				小型微利企业				☑是 □否
	附报事项名称								金额或选项
事项 1	（填写特定事项名称）								
事项 2	（填写特定事项名称）								

	预缴税款计算	本年累计
1	营业收入	10000000
2	营业成本	8000000
3	利润总额	2000000
4	加：特定业务计算的应纳税所得额	
5	减：不征税收入	
6	减：资产加速折旧、摊销（扣除）调减额（填写 A201020）	
7	减：免税收入、减计收入、加计扣除（7.1+7.2+…）	
7.1	（填写优惠事项名称）	

续表

<table>
<tr><td>7.2</td><td colspan="3">（填写优惠事项名称）</td><td></td></tr>
<tr><td>8</td><td colspan="3">减：所得减免（8.1+8.2+…）</td><td></td></tr>
<tr><td>8.1</td><td colspan="3">（填写优惠事项名称）</td><td></td></tr>
<tr><td>8.2</td><td colspan="3">（填写优惠事项名称）</td><td></td></tr>
<tr><td>9</td><td colspan="3">减：弥补以前年度亏损</td><td></td></tr>
<tr><td>10</td><td colspan="3">实际利润额（3+4–5–6–7–8–9）\ 按照上一纳税年度应纳税所得额平均额确定的应纳税所得额</td><td>2000000</td></tr>
<tr><td>11</td><td colspan="3">税率（25%）</td><td></td></tr>
<tr><td>12</td><td colspan="3">应纳所得税额（10×11）</td><td>500000</td></tr>
<tr><td>13</td><td colspan="3">减：减免所得税额（13.1+13.2+…）</td><td></td></tr>
<tr><td>13.1</td><td colspan="3">符合条件的小型微利企业减免企业所得税</td><td></td></tr>
<tr><td>13.2</td><td colspan="3">（填写优惠事项名称）</td><td></td></tr>
<tr><td>14</td><td colspan="3">减：本年实际已缴纳所得税额</td><td></td></tr>
<tr><td>15</td><td colspan="3">减：特定业务预缴（征）所得税额</td><td></td></tr>
<tr><td>16</td><td colspan="3">本期应补（退）所得税额（12–13–14–15）\ 税务机关确定的本期应纳所得税额</td><td>500000</td></tr>
<tr><td colspan="5">汇 总 纳 税 企 业 总 分 机 构 税 款 计 算</td></tr>
<tr><td>17</td><td rowspan="4">总机构</td><td colspan="2">总机构本期分摊应补（退）所得税额（18+19+20）</td><td></td></tr>
<tr><td>18</td><td colspan="2">其中：总机构分摊应补（退）所得税额（16× 总机构分摊比例__%）</td><td></td></tr>
<tr><td>19</td><td colspan="2">财政集中分配应补（退）所得税额（16× 财政集中分配比例__%）</td><td></td></tr>
<tr><td>20</td><td colspan="2">总机构具有主体生产经营职能的部门分摊所得税额（16× 全部分支机构分摊比例__%× 总机构具有主体生产经营职能部门分摊比例__%）</td><td></td></tr>
<tr><td>21</td><td rowspan="2">分支机构</td><td colspan="2">分支机构本期分摊比例</td><td></td></tr>
<tr><td>22</td><td colspan="2">分支机构本期分摊应补（退）所得税额</td><td></td></tr>
<tr><td colspan="5">实 际 缴 纳 企 业 所 得 税 计 算</td></tr>
<tr><td>23</td><td colspan="2">减：民族自治地区企业所得税地方分享部分：
□免征　□减征：减征幅度__%</td><td>本年累计应减免金额［（12–13–15）×40%× 减征幅度］</td><td></td></tr>
<tr><td>24</td><td colspan="3">实际应补（退）所得税额</td><td>500000</td></tr>
</table>

2.3.2 居民企业所得税月（季）度预缴纳税申报（适用核定征收）

2.3.2.1 事项概述

实行企业所得税核定征收方式的居民企业，应当就其来源于中国境内、境外的所得，在季度或月份终了后 15 日内办理企业所得税月（季）度预缴申报。

居民企业纳税人具有下列情形之一的，核定征收企业所得税：

（1）依照法律、行政法规的规定可以不设置账簿的；

（2）依照法律、行政法规的规定应当设置但未设置账簿的；

（3）擅自销毁账簿或者拒不提供纳税资料的；

（4）虽设置账簿，但账目混乱或者成本资料、收入凭证、费用凭证残缺不全，难以查账的；

（5）发生纳税义务，未按照规定的期限办理纳税申报，经税务机关责令限期申报，逾期仍不申报的；

（6）申报的计税依据明显偏低，又无正当理由的。

国家税务总局明确的特殊行业、特殊类型的纳税人和一定规模以上的纳税人不适用核定征收企业所得税。不适用核定征收企业所得税的“特定纳税人”包括以下类型的企业：

（1）享受《中华人民共和国企业所得税法》及其实施条例和国务院规定的一项或几项企业所得税优惠政策的企业（不包括仅享受《中华人民共和国企业所得税法》第二十六条规定免税收入优惠政策的企业）；

（2）汇总纳税企业；

（3）上市公司；

（4）银行、信用社、小额贷款公司、保险公司、证券公司、期货公司、信托投资公司、金融资产管理公司、融资租赁公司、担保公司、财务公司、典当公司等金融企业；

（5）会计、审计、资产评估、税务、房地产估价、土地估价、工程造价、律师、价格鉴证、公证机构、基层法律服务机构、专利代理、商标代理以及其他经济鉴证类社会中介机构；

（6）专门从事股权（股票）投资业务的企业；

（7）国家税务总局规定的其他企业。

2.3.2.2 报送资料

实行核定征收方式的居民企业办理企业所得税月（季）度预缴纳税申报需要报送的资料见表 2–30。

表 2–30 居民企业所得税月（季）度预缴纳税申报报送资料（适用核定征收）

<table>
<tr><th>序号</th><th colspan="2">报送资料</th><th>数量</th><th>备注</th></tr>
<tr><td>1</td><td colspan="2">《中华人民共和国企业所得税月（季）度预缴和年度纳税申报表（B 类，2018 年版）》</td><td>2 份</td><td></td></tr>
<tr><th colspan="2">适用情形</th><th>条件报送资料</th><th>数量</th><th>备注</th></tr>
<tr><td colspan="2">符合条件的境外投资居民企业</td><td>《居民企业参股外国企业信息报告表》</td><td>1 份</td><td></td></tr>
</table>

温馨提示

（1）符合条件的小型微利企业，实行按季申报预缴企业所得税。

（2）符合享受企业所得税优惠条件的纳税人，采取“自行判别、申报享受、相关资料留存备查”的办理方式，通过填报企业所得税纳税申报表享受税收优惠。

（3）自 2021 年 1 月 1 日至 2022 年 12 月 31 日，对小型微利企业年应纳税所得额不超过 100 万元的部分，减按 12.5% 计入应纳税所得额，按 20% 的税率缴纳企业所得税。

（4）自 2022 年 1 月 1 日至 2024 年 12 月 31 日，对小型微利企业年应纳税所得额超过 100 万元但不超过 300 万元的部分，减按 25% 计入应纳税所得额，按 20% 的税率缴纳企业所得税。

【案例 2–14】

A 公司是拥有多家连锁餐馆的居民企业，资产总额 1500 万元，员工 60 人，2021 年应纳所得税额 50 万元。2022 年第一季度营业收入 1000 万元，主管税务机关核定应税所得率为 20%。A 公司应如何计算应纳企业所得税并填写申报表？

解析：

小型微利企业是指从事国家非限制和禁止行业，且同时符合年度应纳税所得额不超过 300 万元、从业人数不超过 300 人、资产总额不超过 5000 万元三个条件的企业。根据《国家税务总局关于印发〈企业所得税核定征收办法（试行）〉的通知》（国税发〔2008〕30 号）第六条的规定，采用应税所得率方式核定征收企业所得税的，应纳所得税额计算公式为：应纳所得税额 = 应纳税所得额 × 适用税率，应纳税所得额 = 应税收入额 × 应税所得率。根据《财政部　税务总局关于实施小微企业和个体工商户所得税优惠政策的公告》（财政部　税务总局公告 2021 年第 12 号）第一条的规定，自 2021 年 1 月 1 日至 2022 年 12 月 31 日，对小型微利企业年应纳税所得额不超过 100 万元的部分，减按 12.5% 计入应纳税所得额，按 20% 的税率缴纳企业所得税。根据《财政部　税务总局关于进一步实施小微企业所得税优惠政策的公告》（财政部　税务总局公告 2022 年第 13 号）第一条的规定，自 2022 年 1 月 1 日至 2024 年 12 月 31 日，对小型微利企业年应纳税所得额超过 100 万元但不超过 300 万元的部分，减按 25% 计入应纳税所得额，按 20% 的税率缴纳企业所得税。

A 公司 2022 年第一季度企业所得税计算过程如下：

应纳税所得额 = 10000000 × 20% = 2000000（元）

应纳企业所得税 = 1000000 × 12.5% × 20% +（2000000 − 1000000）×

$25\% \times 20\% = 75000$（元）

《中华人民共和国企业所得税月（季）度预缴和年度纳税申报表（B类，2018年版）》适用于实行核定征收企业所得税的居民企业纳税人在月（季）度预缴纳税申报时填报。此外，实行核定应税所得率方式的居民企业纳税人在年度纳税申报时填报该表。填写示例见表2-31。

表2-31　《中华人民共和国企业所得税月（季）度预缴和年度纳税申报表（B类，2018年版）》填写示例

B100000　中华人民共和国企业所得税月（季）度预缴和年度纳税申报表（B类，2018年版）

税款所属期间：2022年1月1日至2022年3月31日

纳税人识别号（统一社会信用代码）：□□□□□□□□□□□□□□□□□□□□

纳税人名称：　　金额单位：元

核定征收方式	☑核定应税所得率（能核算收入总额的） □核定应税所得率（能核算成本费用总额的）　□核定应纳所得税额	
行次	项　　目	本年累计金额
1	收入总额	10000000
2	减：不征税收入	
3	减：免税收入（4+5+10+11）	
4	国债利息收入免征企业所得税	
5	符合条件的居民企业之间的股息、红利等权益性投资收益免征企业所得税	
6	其中：通过沪港通投资且连续持有H股满12个月取得的股息红利所得免征企业所得税	
7	通过深港通投资且连续持有H股满12个月取得的股息红利所得免征企业所得税	
8	居民企业持有创新企业CDR取得的股息红利所得免征企业所得税	
9	符合条件的居民企业之间属于股息、红利性质的永续债利息收入免征企业所得税	

续表

行次	项　目	本年累计金额
10	投资者从证券投资基金分配中取得的收入免征企业所得税	
11	取得的地方政府债券利息收入免征企业所得税	
12	应税收入额（1–2–3）\ 成本费用总额	10000000
13	税务机关核定的应税所得率（%）	20
14	应纳税所得额（第 12 × 13 行）\［第 12 行 ÷（1– 第 13 行）× 第 13 行］	2000000
15	税率（25%）	
16	应纳所得税额（14 × 15）	500000
17	减：符合条件的小型微利企业减免企业所得税	425000
18	减：实际已缴纳所得税额	
19	本期应补（退）所得税额（16–17–18）\ 税务机关核定本期应纳所得税额	75000
20	民族自治地方的自治机关对本民族自治地方的企业应缴纳的企业所得税中属于地方分享的部分减征或免征（ □ 免征　□ 减征：减征幅度 __% ）	
21	本期实际应补（退）所得税额	

按季度填报信息			
季初从业人数	60	季末从业人数	60
季初资产总额（万元）	1500	季末资产总额（万元）	1500
国家限制或禁止行业	□是　☑ 否	小型微利企业	☑是　□否
按年度填报信息			
小型微利企业	☑是　□否		

【案例 2–15】

B 公司是拥有多家连锁游乐场的居民企业，资产总额 3000 万元，员工 400 人，2021 年应纳所得税额 200 万元。2022 年第一季度，B 公司营业收入 1000 万元，当地税务机关核定应税所得率为 20%。B 公司应如何计算应纳企业所得税并填写申报表？

解析：

根据《国家税务总局关于印发〈企业所得税核定征收办法（试行）〉的通知》（国税发〔2008〕30 号）第六条的规定，采用应税所得率方式核定征收企业所得税的，应纳所得税额计算公式为：应纳所得税额 = 应纳税所得额 × 适用税率，应纳税所得额 = 应税收入额 × 应税所得率。

B 公司从业人数超过小型微利企业标准，不能享受小型微利企业所得税优惠，应按企业所得税法定税率计算缴纳企业所得税。

B 公司 2022 年第一季度企业所得税计算过程如下：

应纳税所得额 = 10000000 × 20% = 2000000（元）

应纳企业所得税 = 2000000 × 25% = 500000（元）

《中华人民共和国企业所得税月（季）度预缴和年度纳税申报表（B 类，2018 年版）》填写示例见表 2-32。

表 2-32　《中华人民共和国企业所得税月（季）度预缴和年度纳税申报表（B 类，2018 年版）》填写示例

B100000　中华人民共和国企业所得税月（季）度预缴和年度纳税申报表（B 类，2018 年版）

税款所属期间：2022 年 1 月 1 日至 2022 年 3 月 31 日

纳税人识别号（统一社会信用代码）：□□□□□□□□□□□□□□□□□□□□□□

纳税人名称：　　　　金额单位：元

核定征收方式	☑核定应税所得率（能核算收入总额的） □核定应税所得率（能核算成本费用总额的）　□核定应纳所得税额	
行次	项　　目	本年累计金额
1	收入总额	10000000
2	减：不征税收入	

续表

行次	项　　目	本年累计金额
3	减：免税收入（4+5+10+11）	
4	国债利息收入免征企业所得税	
5	符合条件的居民企业之间的股息、红利等权益性投资收益免征企业所得税	
6	其中：通过沪港通投资且连续持有H股满12个月取得的股息红利所得免征企业所得税	
7	通过深港通投资且连续持有H股满12个月取得的股息红利所得免征企业所得税	
8	居民企业持有创新企业CDR取得的股息红利所得免征企业所得税	
9	符合条件的居民企业之间属于股息、红利性质的永续债利息收入免征企业所得税	
10	投资者从证券投资基金分配中取得的收入免征企业所得税	
11	取得的地方政府债券利息收入免征企业所得税	
12	应税收入额（1-2-3）\成本费用总额	10000000
13	税务机关核定的应税所得率（%）	20
14	应纳税所得额（第12×13行）\［第12行÷（1-第13行）×第13行］	2000000
15	税率（25%）	
16	应纳所得税额（14×15）	500000
17	减：符合条件的小型微利企业减免企业所得税	
18	减：实际已缴纳所得税额	
19	本期应补（退）所得税额（16-17-18）\税务机关核定本期应纳所得税额	500000
20	民族自治地方的自治机关对本民族自治地方的企业应缴纳的企业所得税中属于地方分享的部分减征或免征（□免征　□减征：减征幅度____%）	
21	本期实际应补（退）所得税额	

续表

按季度填报信息			
季初从业人数	400	季末从业人数	400
季初资产总额（万元）	3000	季末资产总额（万元）	3000
国家限制或禁止行业	□是 ☑否	小型微利企业	□是 ☑否
按年度填报信息			
小型微利企业	□是 ☑否		

2.4 个人所得税申报

2.4.1 居民个人取得综合所得个人所得税预扣预缴申报

2.4.1.1 事项概述

个人所得税以向个人支付所得的单位或者个人为扣缴义务人。居民个人取得综合所得，按年计算个人所得税；有扣缴义务人的，由扣缴义务人按月或者按次预扣预缴税款。扣缴义务人每月或者每次预扣、代扣税款，应当在次月 15 日内，填报《个人所得税扣缴申报表》及其他相关资料。

2.4.1.2 报送资料

向个人支付所得的单位办理居民个人综合所得个人所得税预扣预缴申报需要报送的资料见表 2–33。

表 2–33　居民个人综合所得个人所得税预扣预缴申报报送资料

序号	报送资料	数量	备注
1	《个人所得税扣缴申报表》	2 份	
适用情形	**条件报送资料**	**数量**	**备注**
首次办理扣缴申报时或被扣缴义务人信息变更后	《个人所得税基础信息表（A 表）》	2 份	
有依法确定的其他扣除	《商业健康保险税前扣除情况明细表》《个人税收递延型商业养老保险税前扣除情况明细表》等相关扣除资料	1 份	
选择在工资、薪金所得预扣预缴个人所得税时享受的六项专项	《个人所得税专项附加扣除信息表》	1 份	

续表

适用情形	条件报送资料	数量	备注
企业存在股权激励和股票期权职工行权	公司股权激励人员名单	1份	
纳税人存在减免个人所得税情形	《个人所得税减免税事项报告表》	1份	

温馨提示

（1）扣缴义务人向居民个人支付综合所得时，不论其是否属于本单位人员、支付的应税所得是否达到纳税标准，应当办理全员全额扣缴申报，在代扣税款的次月15日内，向主管税务机关报送其支付所得的所有个人的有关信息、支付所得数额、扣除事项和数额、扣缴税款的具体数额和总额以及其他相关涉税信息资料。

（2）扣缴义务人向居民个人支付工资、薪金所得时，应当按照累计预扣法计算预扣税款，并按月办理扣缴申报。扣缴义务人向居民个人支付劳务报酬所得、稿酬所得、特许权使用费所得时，应当按次或者按月预扣预缴税款。

劳务报酬所得、稿酬所得、特许权使用费所得以收入减除费用后的余额为收入额；其中，稿酬所得的收入额减按70%计算。预扣预缴税款时，劳务报酬所得、稿酬所得、特许权使用费所得每次收入不超过4000元的，减除费用按800元计算；每次收入4000元以上的，减除费用按收入的20%计算。

劳务报酬所得、稿酬所得、特许权使用费所得，以每次收入额为预扣预缴应纳税所得额，计算应预扣预缴税额。稿酬所得、特许权使用费所得适用20%的比例预扣率，劳务报酬所得不超过20000元的部分适用20%的比例预扣率，超过20000元但不超过50000元的部分适用30%的比例预扣率，超过50000元的部分适用40%的比例预扣率。

（3）享受子女教育、继续教育、住房贷款利息或者住房租金、赡养老人、3 岁以下婴幼儿照护专项附加扣除的纳税人，自符合条件开始，可以向支付工资、薪金所得的扣缴义务人提供上述专项附加扣除有关信息，由扣缴义务人在预扣预缴税款时，按其在本单位本年可享受的累计扣除额办理扣除；也可以在次年 3 月 1 日至 6 月 30 日内，向汇缴地主管税务机关办理汇算清缴申报时扣除。居民个人向扣缴义务人提供有关信息并依法要求办理专项附加扣除的，扣缴义务人应当按照规定在工资、薪金所得按月预扣预缴税款时予以扣除，不得拒绝。

（4）支付工资、薪金所得的扣缴义务人应当于年度终了后 2 个月内，向个人所得税纳税人提供其个人所得和已扣缴税款等信息。个人所得税纳税人年度中间需要扣缴义务人提供上述信息的，扣缴义务人应当提供。个人所得税纳税人取得除工资、薪金所得以外的其他所得，扣缴义务人应当在扣缴税款后，及时向纳税人提供其个人所得和已扣缴税款等信息。

（5）个人所得税纳税人年度中间更换工作单位的，在原单位任职、受雇期间已享受的专项附加扣除金额，不得在新任职、受雇单位扣除。原扣缴义务人应当自纳税人离职不再发放工资、薪金所得的当月起，停止为其办理专项附加扣除。

（6）个人所得税纳税人可以通过远程办税端、电子或者纸质报表等方式，向扣缴义务人报送个人专项附加扣除信息。

（7）扣缴义务人应当按照个人所得税纳税人提供的信息计算税款、办理扣缴申报，不得擅自更改个人所得税纳税人提供的信息。扣缴义务人发现个人所得税纳税人提供的信息与实际情况不符，个人所得税纳税人拒绝修改的，扣缴义务人应当报告税务机关。个人所得税纳税人拒绝扣缴义务人依法履行代扣代缴义务的，扣缴义务人应当及时报告税务机关。

（8）扣缴义务人对个人所得税纳税人提供的《个人所得税专项附

加扣除信息表》，应当按照规定妥善保存备查，并依法对个人所得税纳税人报送的专项附加扣除等相关涉税信息和资料保密。个人所得税纳税人报送给扣缴义务人的《个人所得税专项附加扣除信息表》，扣缴义务人应当自预扣预缴年度的次年起留存5年。

（9）扣缴义务人有未按照规定向税务机关报送资料和信息、未按照纳税人提供信息虚报虚扣专项附加扣除、应扣未扣税款、不缴或少缴已扣税款、借用或冒用他人身份等行为的，税务机关将依照《中华人民共和国税收征收管理法》等相关法律、行政法规处理。

（10）个人所得税纳税人同时从两处以上取得工资、薪金所得，并由扣缴义务人或者专项附加扣除的，对同一专项附加扣除项目，在一个纳税年度内只能选择从一处取得的所得中减除。

【案例2-16】

王先生在W公司任职，2022年1—2月每月在W公司取得工资、薪金收入16000元；每月缴纳养老保险1300元、医疗保险200元、失业保险50元、住房公积金1650元；王先生为家中独子，父母的年龄均已超过了60岁，8岁女儿就读小学二年级（经王先生夫妻双方协商，子女教育由王先生100%扣除）。专项附加扣除信息已报送扣缴义务人。扣缴义务人W公司应该如何计算预扣税款及申报？

解析：

1.根据《中华人民共和国个人所得税法》第六条的规定，居民个人的综合所得，以每一纳税年度的收入额减除费用6万元以及专项扣除、专项附加扣除和依法确定的其他扣除后的余额，为应纳税所得额。专项扣除，包括居民个人按照国家规定的范围和标准缴纳的基本养老保险、基本医疗保险、失业保险等社会保险费和住房公积金等；专项附加扣除，包括子女教育、继续教育、大病医疗、住房贷款利息或者住房租金、赡养老人、3岁以下婴幼儿照护等支出。

2. 根据《国家税务总局关于发布〈个人所得税扣缴申报管理办法（试行）〉的公告》（国家税务总局公告2018年第61号）第六条的规定，扣缴义务人向居民个人支付工资、薪金所得时，应当按照累计预扣法计算预扣税款，并按月办理扣缴申报。

3. 根据《国家税务总局关于发布〈个人所得税专项附加扣除操作办法（试行）〉的公告》（国家税务总局公告2018年第60号）第八条的规定，纳税人选择在扣缴义务人发放工资、薪金所得时享受专项附加扣除的，首次享受时应当填写并向扣缴义务人报送《扣除信息表》；纳税年度中间相关信息发生变化的，纳税人应当更新《扣除信息表》相应栏次，并及时报送给扣缴义务人。

2022年1—2月，王先生在W公司取得的16000元工资薪金属于“综合所得”，应由该公司采用累计预扣法按月为其办理预扣预缴申报。专项扣除包括居民个人按照国家规定的范围和标准缴纳的基本养老保险、基本医疗保险、失业保险等社会保险费和住房公积金等，王先生每月可以扣除专项扣除 = 1300 + 200 + 50 + 1650 = 3200（元）。王先生每月可以扣除专项附加扣除 = 2000 + 1000 = 3000（元）。计算步骤如下。

1. 2022年1月

1月累计预扣预缴应纳税所得额 = 累计收入 − 累计免税收入 − 累计基本减除费用 − 累计专项扣除 − 累计专项附加扣除 − 累计依法确定的其他扣除 = 16000 − 5000 − 3200 − 3000 = 4800（元），对应预扣率为3%；1月应预扣预缴税额 =（累计预扣预缴应纳税所得额 × 预扣率 − 速算扣除数）− 累计减免税额 − 累计已预扣预缴税额 =（4800 × 3% − 0）− 0 − 0 = 144（元）。

2022年1月，W公司在发放工资环节按照上述规定计算并预扣王先生个人所得税 144 元。

2. 2022 年 2 月

（1）累计预缴应纳税所得计算：

① 累计收入 = 截至当前月份累计支付的工资、薪金所得收入额 = 16000 + 16000 = 32000（元）

② 累计免税收入 = 0

③ 累计基本减除费用 = 5000 × 当前累计月份数 = 5000 × 2 = 10000（元）

④ 累计专项扣除 = 截至当前月份累计专项扣除 = 3200 + 3200 = 6400（元）

⑤ 累计专项附加扣除 = 截至当前月份累计专项附加扣除 = 3000 + 3000 = 6000（元）

⑥ 累计依法确定的其他扣除 = 0

2 月累计预扣预缴应纳税所得额 = 累计收入 – 累计免税收入 – 累计基本减除费用 – 累计专项扣除 – 累计专项附加扣除 – 累计依法确定的其他扣除 = 32000 – 10000 – 6400 – 6000 = 9600（元），对应预扣率为 3%。

（2）2 月应预扣预缴税额 =（累计预扣预缴应纳税所得额 × 预扣率 – 速算扣除数）– 累计减免税额 – 累计已预扣预缴税额 =（9600 × 3% – 0）– 0 – 144 = 144（元）

2022 年 2 月，W 公司在发放工资环节按照上述规定计算并预扣王先生个人所得税 144 元。

《个人所得税扣缴申报表》填写示例见表 2–34。

表 2–34

《个人所得税扣缴申报表》填写示例

个人所得税扣缴申报表

税款所属期：2022 年 2 月 1 日至 2022 年 2 月 28 日

扣缴义务人名称： W 公司

扣缴义务人纳税人识别号（统一社会信用代码）：×××××××××××××××××× 金额单位：元

							本月（次）情况														累计情况												税款计算							
							收入额计算				专项扣除				其他扣除									累计专项附加扣除																
序号	姓名	身份证件类型	身份证件号码	纳税人识别号	是否为非居民个人	所得项目	收入	费用	免税收入	减除费用	基本养老保险费	基本医疗保险费	失业保险费	住房公积金	年金	商业健康保险	税延养老保险	财产原值	允许扣除的税费	其他	累计收入额	累计减除费用	累计专项扣除	子女教育	继续教育	住房贷款利息	住房租金	赡养老人	3岁以下婴幼儿照护	累计其他扣除	减按计税比例	准予扣除的捐赠额	应纳税所得额	税率/预扣率	速算扣除数	应纳税额	减免税额	已缴税额	应补/退税额	备注
1	2	3	4	5	6	7	8	9	10	11	12	13	14	15	16	17	18	19	20	21	22	23	24	25	26	27	28	29	30	31	32	33	34	35	36	37	38	39	40	41
01	王某某	居民身份证			否	综合所得	16000	0	0	5000	1300	200	50	1650	0	0	0	0	0	0	32000	10000	6400	2000	0	0	0	4000	0	0	0	0	9600	3%	0	288	0	144	144	
合计																																								

谨声明：本扣缴申报表是根据国家税收法律法规及相关规定填报的，是真实的、可靠的、完整的。

扣缴义务人（签章）： 年 月 日

代理机构签章： 代理机构统一社会信用代码： 经办人签字： 经办人身份证件号码：	受理人： 受理税务机关（章）： 受理日期： 年 月 日

2.4.2 经营所得个人所得税月（季）度申报

2.4.2.1 事项概述

纳税人取得经营所得，以每一纳税年度的收入总额减除成本、费用以及损失后的余额，为应纳税所得额，按年计算个人所得税，纳税人应当在月度或季度终了后 15 日内填报《个人所得税经营所得纳税申报表（A 表）》及其他相关资料。

2.4.2.2 报送资料

取得生产经营所得的个人所得税申报需要报送的资料见表 2–35。

表 2–35　　经营所得申报报送资料

<table>
<tr><th>序号</th><th colspan="2">报送资料</th><th>数量</th><th>备注</th></tr>
<tr><td>1</td><td colspan="2">《个人所得税经营所得纳税申报表（A 表）》</td><td>2 份</td><td>合伙企业有多个自然人合伙人的，应分别填报本表</td></tr>
<tr><th colspan="2">适用情形</th><th>条件报送资料</th><th>数量</th><th>备注</th></tr>
<tr><td colspan="2">纳税人存在减免个人所得税情形</td><td>《个人所得税减免税事项报告表》</td><td>1 份</td><td></td></tr>
<tr><td colspan="2">有依法确定的其他扣除</td><td>《商业健康保险税前扣除情况明细表》《个人税收递延型商业养老保险税前扣除情况明细表》等相关扣除资料</td><td>1 份</td><td></td></tr>
</table>

温馨提示

（1）个体工商户业主、个人独资企业投资者、合伙企业个人合伙人、承包承租经营者个人以及其他从事生产、经营活动的个人取得经营所得的，应当办理预缴纳税申报和汇算清缴。经营所得包括以下情形：

① 个体工商户从事生产、经营活动取得的所得，个人独资企业投资人、合伙企业的个人合伙人来源于境内注册的个人独资企业、合伙企业生产、经营的所得；

② 个人依法从事办学、医疗、咨询以及其他有偿服务活动取得的所得；

③ 个人对企业、事业单位承包经营、承租经营以及转包、转租取得的所得；

④ 个人从事其他生产、经营活动取得的所得。

（2）从事生产、经营活动，未提供完整、准确的纳税资料，不能正确计算应纳税所得额的，由主管税务机关核定应纳税所得额或者应纳税额。

（3）从两处以上取得经营所得的，选择向其中一处经营管理所在地主管税务机关办理年度汇总申报。

（4）纳税人取得经营所得，按年计算个人所得税，由纳税人在月度或者季度终了后 15 日内向税务机关报送纳税申报表，并预缴税款；在取得所得的次年 3 月 31 日前办理汇算清缴。

（5）取得经营所得的个人，没有综合所得的，计算其每一纳税年度的应纳税所得额时，应当减除费用 6 万元、专项扣除、专项附加扣除以及依法确定的其他扣除。专项附加扣除在办理汇算清缴时减除。专项附加扣除具体内容详见《国务院关于印发〈个人所得税专项附加扣除暂行办法〉的通知》（国发〔2018〕41 号）和《国家税务总局关于修订发布〈个人所得税专项附加扣除操作办法（试行）〉的公告》（国家税务总局公告 2022 年第 7 号）。

（6）个人所得税优惠政策目录详见《财政部　税务总局关于继续有效的个人所得税优惠政策目录的公告》（财政部　税务总局公告 2018 年第 177 号）。

【案例 2-17】

李先生为个人独资企业 C 公司投资人，公司主要经营皮革销售，个人所得税经营所得按月预缴。

（1）2021 年全年营业额为 3000000 元，成本为 1400000 元，发生营业费用 375000 元、管理费用 131500 元、财务费用 85000 元，缴纳其他税费（不含增值税）合计 18000 元。其中：1—4 月取得营业额为 1100000 元，成本为 500000 元，发生营业费用 125000 元、管理费用 44000 元、财务费用 23000 元。

（2）1—3 月累计已预缴个人所得税为 1610 元；1—12 月已预缴个人所得税 215000 元。

（3）李先生无综合所得收入；其为家中独子，父母年龄均已超过 60 岁，有一女儿上小学二年级，经与妻子协商，子女教育专项附加扣除由李先生 100% 扣除。

假定，除上述资料外，没有其他纳税调整项目。2021 年 4 月李先生该如何申报预缴个人所得税？办理 2021 年度汇算清缴时，李先生应如何进行汇算清缴，是否需要补缴个人所得税？

解析：

1. 根据《中华人民共和国个人所得税法》第六条的规定，经营所得，以每一纳税年度的收入总额减除成本、费用以及损失后的余额，为应纳税所得额。

2. 根据《中华人民共和国个人所得税法实施条例》第十五条的规定，《中华人民共和国个人所得税法》第六条所称成本、费用，是指生产、经营活动中发生的各项直接支出和分配计入成本的间接费用以及销售费用、管理费用、财务费用；所称损失，是指生产、经营活动中发生的固定资产和存货的盘亏、毁损、报废损失，转让财产损失，坏账损失，自然灾害等不可抗力因素造成的损失以及其他损失。取得经营所得的个人，没有综合所得的，计算其每一纳税年度的应纳税所得额时，应当减除费用 6 万元、专项扣除、专项附加扣除以及依法确定的其他扣除。专项附加扣除在办理汇算清缴时减除。纳税人的子女接受全日制学历教育的相关支出，按照每个子女每月 1000 元的标准定额扣除；纳税人赡养一位及以上被赡养人的赡养支出，纳税人为独生子女的，按照每月 2000 元的标准定额扣除，李先生 2021 年可扣除专项附加扣除 =（2000 + 1000）× 12 = 36000（元）。

（1）2021 年 4 月应预缴税额：

应纳税所得额 = 1 至 4 月营业额 – 成本 – 营业费用 – 管理费用 – 财务费用 – 1 至 4 月减除费用 = 1100000 – 500000 – 125000 – 44000 – 23000 – 5000 × 4 = 388000（元）

根据个人所得税税率表二，可知适用 30% 税率，速算扣除数为 40500。

应纳税额 = 应纳税所得额 × 适用税率 – 速算扣除数 = 388000 × 30% – 40500 = 75900（元）

2021 年 1 至 3 月李先生已预缴个人所得税 1610 元。

4 月应预缴税额 = 75900 – 1610 = 74290（元）

（2）2021 年汇算清缴应补税额：

2021 年应纳税所得额 = 全年营业额 – 成本 – 营业费用 – 管理费用 – 财务费用 – 已缴纳其他税费 –6 万元 – 专项扣除、专项附加扣除以及法定其他扣除 = 3000000 – 1400000 – 375000 – 131500 – 85000 – 18000 – 60000 –36000 = 894500（元）

根据个人所得税税率表二，可知适用 35% 税率，速算扣除数为 65500。

应纳税额 = 2021 年应纳税所得额 × 适用税率 – 速算扣除数 = 894500 × 35% – 65500 = 247575（元）

2021 年 1 至 12 月李先生已预缴个人所得税 215000 元。

应补税额 = 2021 年应纳税额 – 2021 年已预缴税额 = 247575 –

215000＝32575（元）

经营所得个人所得税申报表填写示例见表2–36、表2–37。表2–36适用于办理个人所得税预缴纳税申报，表2–37适用于办理个人所得税汇算清缴纳税申报。

表2–36　《个人所得税经营所得纳税申报表（A表）》填写示例

个人所得税经营所得纳税申报表（A表）

税款所属期：2021年1月1日至2021年4月30日

纳税人姓名：李××

纳税人识别号：□□□□□□□□□□□□□□□□□□□□□□□　金额单位：元

被投资单位信息		
名称	C公司	
纳税人识别号（统一社会信用代码）	□□□□□□□□□□□□□□□□□□□□□□□	
征收方式（单选）		
☑查账征收（据实预缴）　□查账征收（按上年应纳税所得额预缴）　□核定应税所得率征收　□核定应纳税所得额征收　□税务机关认可的其他方式＿＿＿		
项　目	行次	金额/比例
一、收入总额	1	1100000
二、成本费用	2	692000
三、利润总额（第3行＝第1行－第2行）	3	408000
四、弥补以前年度亏损	4	
五、应税所得率（%）	5	
六、合伙企业个人合伙人分配比例（%）	6	
七、允许扣除的个人费用及其他扣除（第7行＝第8行＋第9行＋第14行）	7	
（一）投资者减除费用	8	20000
（二）专项扣除（第9行＝第10行＋第11行＋第12行＋第13行）	9	
1. 基本养老保险费	10	

续表

项　目	行次	金额/比例
2. 基本医疗保险费	11	
3. 失业保险费	12	
4. 住房公积金	13	
（三）依法确定的其他扣除 （第 14 行 = 第 15 行 + 第 16 行 + 第 17 行）	14	
1.	15	
2.	16	
3.	17	
八、准予扣除的捐赠额 （附报《个人所得税公益慈善事业捐赠扣除明细表》）	18	
九、应纳税所得额	19	388000
十、税率（%）	20	30
十一、速算扣除数	21	40500
十二、应纳税额（第 22 行 = 第 19 行 × 第 20 行 – 第 21 行）	22	75900
十三、减免税额（附报《个人所得税减免税事项报告表》）	23	
十四、已缴税额	24	1610
十五、应补/退税额（第 25 行 = 第 22 行 – 第 23 行 – 第 24 行）	25	74290

谨声明：本表是根据国家税收法律法规及相关规定填报的，本人对填报内容（附带资料）的真实性、可靠性、完整性负责。

纳税人签字：　　　　年　月　日

经办人签字： 经办人身份证件类型： 经办人身份证件号码： 代理机构签章： 代理机构统一社会信用代码：	受理人： 受理税务机关（章）： 受理日期：　　年　月　日

表 2-37 《个人所得税经营所得纳税申报表（B 表）》填写示例

个人所得税经营所得纳税申报表（B 表）

税款所属期：2021 年 1 月 1 日至 2021 年 12 月 31 日

纳税人姓名：李 ××

纳税人识别号：□□□□□□□□□□□□□□□□□□□□ 金额单位：元

被投资单位信息	名称	C 公司	纳税人识别号（统一社会信用代码）	××××××××××××××××××

项 目	行次	金额 / 比例
一、收入总额	1	3000000
其中：国债利息收入	2	
二、成本费用（3=4+5+6+7+8+9+10）	3	2009500
（一）营业成本	4	1400000
（二）营业费用	5	375000
（三）管理费用	6	131500
（四）财务费用	7	85000
（五）税金	8	18000
（六）损失	9	
（七）其他支出	10	
三、利润总额（11=1-2-3）	11	990500
四、纳税调整增加额（12=13+27）	12	
（一）超过规定标准的扣除项目金额（13=14+15+16+17+18+19+20+21+22+23+24+25+26）	13	
1. 职工福利费	14	
2. 职工教育经费	15	
3. 工会经费	16	
4. 利息支出	17	
5. 业务招待费	18	
6. 广告费和业务宣传费	19	
7. 教育和公益事业捐赠	20	
8. 住房公积金	21	

续表

项　　目	行次	金额 / 比例
9. 社会保险费	22	
10. 折旧费用	23	
11. 无形资产摊销	24	
12. 资产损失	25	
13. 其他	26	
（二）不允许扣除的项目金额（27=28+29+30+31+32+33+34+35+36）	27	
1. 个人所得税税款	28	
2. 税收滞纳金	29	
3. 罚金、罚款和被没收财物的损失	30	
4. 不符合扣除规定的捐赠支出	31	
5. 赞助支出	32	
6. 用于个人和家庭的支出	33	
7. 与取得生产经营收入无关的其他支出	34	
8. 投资者工资薪金支出	35	
9. 其他不允许扣除的支出	36	
五、纳税调整减少额	37	
六、纳税调整后所得（38=11+12−37）	38	990500
七、弥补以前年度亏损	39	
八、合伙企业个人合伙人分配比例（%）	40	
九、允许扣除的个人费用及其他扣除（41=42+43+48+55）	41	96000
（一）投资者减除费用	42	60000
（二）专项扣除（43=44+45+46+47）	43	
1. 基本养老保险费	44	
2. 基本医疗保险费	45	
3. 失业保险费	46	
4. 住房公积金	47	

续表

项　目	行次	金额 / 比例
（三）专项附加扣除（48=49+50+51+52+53+54）	48	36000
1. 子女教育	49	12000
2. 继续教育	50	
3. 大病医疗	51	
4. 住房贷款利息	52	
5. 住房租金	53	
6. 赡养老人	54	24000
（四）依法确定的其他扣除（55=56+57+58+59）	55	
1. 商业健康保险	56	
2. 税延养老保险	57	
3.	58	
4.	59	
十、投资抵扣	60	
十一、准予扣除的个人捐赠支出	61	
十二、应纳税所得额（62=38−39−41−60−61） 或［62=（38−39）×40−41−60−61］	62	894500
十三、税率（%）	63	35
十四、速算扣除数	64	65500
十五、应纳税额（65=62×63−64）	65	247575
十六、减免税额（附报《个人所得税减免税事项报告表》）	66	
十七、已缴税额	67	215000
十八、应补 / 退税额（68=65−66−67）	68	32575
谨声明：本表是根据国家税收法律法规及相关规定填报的，是真实的、可靠的、完整的。 纳税人签字：　　　年　月　日		
经办人： 经办人身份证件号码： 代理机构签章： 代理机构统一社会信用代码：	受理人： 受理税务机关（章）： 受理日期：　　年　月　日	

2.5 其他经常性申报

2.5.1 残疾人就业保障金申报

2.5.1.1 事项概述

安排残疾人就业达不到所在地省、自治区、直辖市人民政府规定比例的用人单位，依照法律法规的规定向税务机关办理残疾人就业保障金缴费申报。

2.5.1.2 报送资料

办理残疾人就业保障金缴费申报需要报送的资料见表 2–38。

表 2–38　　残疾人就业保障金申报报送资料

序号	报送资料	数量	备注
1	《残疾人就业保障金缴费申报表》	2 份	

温馨提示

（1）申报残疾人就业保障金时，应提供本单位在职职工人数、实际安排残疾人就业人数、在职职工年平均工资等信息。

（2）自 2020 年 1 月 1 日起，残疾人就业保障金征收标准上限，按照当地社会平均工资 2 倍执行。当地社会平均工资按照所在地城镇非私营单位就业人员平均工资和城镇私营单位就业人员平均工资加权计算。

（3）残疾人就业保障金按上年用人单位安排残疾人就业未达到规定比例的差额人数和本单位在职职工年平均工资（或当地社会平均工资的 2 倍，取低值）之积计算缴纳。计算公式如下：

残疾人就业保障金年缴纳额 =（上年用人单位在职职工人数 × 所在地省、自治区、直辖市人民政府规定的安排残疾人就业比例 – 上年用人单位实际安排的残疾人就业人数）× 上年用人单位在职职工年平均工

资（或当地社会平均工资的 2 倍，取低值）

（4）自 2020 年 1 月 1 日起至 2022 年 12 月 31 日，对残疾人就业保障金实行分档减缴政策。其中：用人单位安排残疾人就业比例达到 1%（含）以上，但未达到所在地省、自治区、直辖市人民政府规定比例的，按规定应缴费额的 50% 缴纳残疾人就业保障金；用人单位安排残疾人就业比例在 1% 以下的，按规定应缴费额的 90% 缴纳残疾人就业保障金。

（5）自 2020 年 1 月 1 日起至 2022 年 12 月 31 日，在职职工人数在 30 人（含）以下的企业，暂免征收残疾人就业保障金。

【案例 2-18】

A 市规定的安置残疾人就业比例为 1.5%，全市 2021 年城镇私营单位和非私营单位加权社会平均工资为 72000 元，采取按年征收残疾人就业保障金。A 市 B 公司 2021 年在职职工平均工资 144117.89 元，在职职工 95 人，实际安排残疾人 1 人。B 公司 2022 年应缴纳多少残疾人就业保障金？又该如何申报？

解析

根据《财政部关于调整残疾人就业保障金征收政策的公告》（财政部公告 2019 年第 98 号）第一条和第三条的规定，残疾人就业保障金征收标准上限，按照当地社会平均工资 2 倍执行。自 2020 年 1 月 1 日起至 2022 年 12 月 31 日，对残疾人就业保障金实行分档减缴政策。其中，用人单位安排残疾人就业比例达到 1%（含）以上，但未达到所在地省、自治区、直辖市人民政府规定比例的，按规定应缴费额的 50% 缴纳残疾人就业保障金。

B 公司应安置人数 = 95 × 1.5% = 1.425（人），实际安置人数为 1 人。实际安置比例 = 1 ÷ 95 = 1.05%，按照应缴费额的 50% 缴纳残疾人就业保障金。

A 市社会平均工资的 2 倍 = 72000 × 2 = 144000（元）

B 公司平均工资超过社会平均工资的 2 倍，残疾人就业保障金按照社会平均工资来计算。

应缴纳残保金 =（95 × 1.5% − 1）× 144000 × 50% = 30600（元）

《残疾人就业保障金缴费申报表》填写见表 2−39。

表 2−39　《残疾人就业保障金缴费申报表》填写示例

《残疾人就业保障金缴费申报表》

费款所属期：自 2022 年 1 月 1 日至 2022 年 12 月 31 日

缴费人识别号（统一社会信用代码）：□□□□□□□□□□□□□□□□□□□□□□

缴费人名称：B 公司　　金额单位：元

序号	上年在职职工工资总额	上年在职职工人数	应安排残疾人就业比例	上年实际安排残疾人就业人数	上年在职职工年平均工资（或当地社会平均工资的 2 倍）	本期应纳费额	本期减免费额	本期已缴费额	本期应补（退）费额
1	2	3	4	5	6=2/3	7=（3×4−5）×6	8=7×100%（或 50%、10%）	9	10=7−8−9
1	13691199.55	95	1.5%	1	144000.00	61200.00	30600.00	0	30600.00

声明：此表是根据国家有关法律法规及相关规定填写的，本人（单位）对填报内容（及附带资料）的真实性、可靠性、完整性负责。

缴费人（签字或者加盖印章）：　　年　月　日

经办人： 经办人身份证号： 代理机构（签字或者加盖印章）： 代理机构统一社会信用代码：	受理人： 受理税务机关（印章）： 受理日期：　　年　月　日

2.5.2 文化事业建设费申报

2.5.2.1 事项概述

在中华人民共和国境内提供广告服务的广告媒介单位和户外广告经营单位，以及提供娱乐服务的单位和个人，应依照法律、行政法规规定或者税务机关确定的申报期限、申报内容，向税务机关申报缴纳文化事业建设费。

2.5.2.2 报送资料

办理文化事业建设费申报需要报送的资料见表 2–40。

表 2–40　　文化事业建设费申报报送资料

序号	报送资料	数量	备注
1	《文化事业建设费申报表》	2 份	
适用情形	**条件报送资料**	**数量**	**备注**
从提供相关应税服务所取得的全部含税价款和价外费用中减除有关价款的提供广告服务的纳税人	《应税服务减除项目清单》	2 份	根据取得的合法有效凭证逐一填列

温馨提示

（1）文化事业建设费的申报期限与缴纳人、扣缴人的增值税申报期限相同。其中，增值税小规模纳税人缴纳文化事业建设费，原则上实行按季申报。

（2）缴纳义务人按照提供广告服务或娱乐服务取得的计费销售额缴纳文化事业建设费，文化事业建设费的费率为 3%。

（3）广告服务的计费销售额，指的是缴纳义务人提供广告服务取得的全部含税价款和价外费用，减除支付给其他广告公司或广告发布者的含税广告发布费后的余额。缴纳义务人减除价款的，应当取得增值税专用发票或国家税务总局规定的其他合法有效凭证，否则，不得减除。

（4）娱乐服务计费销售额，指的是缴纳义务人提供娱乐服务取得的全部含税价款和价外费用。

（5）增值税小规模纳税人中月销售额不超过 2 万元（按季纳税 6 万元）的企业和非企业性单位提供的应税服务，免征文化事业建设费。

（6）提供娱乐服务的单位和个人，未达到增值税起征点的，免征文化事业建设费。

（7）自 2019 年 7 月 1 日至 2024 年 12 月 31 日，对归属中央收入的文化事业建设费，按照缴纳义务人应缴费额的 50%减征；对归属地方收入的文化事业建设费，各省（区、市）财政、党委宣传部门可以结合当地经济发展水平、宣传思想文化事业发展等因素，在应缴费额 50% 的幅度内减征。

【案例 2-19】

A 公司是从事广告业务的增值税一般纳税人，2021 年 9 月取得广告发布收入价税合计 500000 元，当期没有进行文化事业建设费预缴。假设 A 公司所在省份规定对归属地方收入的文化事业建设费，按照缴纳义务人应缴费额的 50% 减征。A 公司应该如何申报缴纳文化事业建设费？

解析：

根据《财政部　国家税务总局关于营业税改征增值税试点有关文化事业建设费政策及征收管理问题的通知》（财税〔2016〕25 号）第三条的规定，缴纳文化事业建设费的单位应按照提供广告服务取得的计费销售额和 3% 的费率计算应缴费额，计算公式为：应缴费额 = 计费销售额 ×3%；计费销售额，为缴纳义务人提供广告服务取得的全部含税价款和价外费用，减除支付给其他广告公司或广告发布者的含税广告发布费后的余额。根据《财政部关于调整部分政府性基金有关政策的通知》

（财税〔2019〕46号）第一条的规定，自2019年7月1日至2024年12月31日，对归属中央收入的文化事业建设费，按照缴纳义务人应缴费额的50%减征；对归属地方收入的文化事业建设费，各省（区、市）财政、党委宣传部门可以结合当地经济发展水平、宣传思想文化事业发展等因素，在应缴费额50%的幅度内减征。

减征前，A公司应缴纳文化事业建设费 = 计费销售额 ×3% = 500000×3% = 15000（元）。

减征后，A公司应缴纳文化事业建设费 = 减征前应缴费额 ×（1 - 减征比例）- 预缴费额 = 15000×（1 - 50%）- 0 = 7500（元）。

《文化事业建设费申报表》填写示例见表2-41。

表2-41　　《文化事业建设费申报表》填写示例

文化事业建设费申报表

缴纳人识别号：□□□□□□□□□□□□□□□□□□□□□
缴纳人名称（公章）：　　金额单位：元
费款所属期：2021年9月1日至2021年9月30日　　填表日期：　年　月　日

项目			栏次	本月（期）数	本年累计
计费收入	应征收入		1	500000	
	免征收入		2		
费额计算	减除项目期初金额		3		—
	减除项目本期发生额		4		
	本期减除额	应征收入减除额	5		
		免征收入减除额	6		
	减除项目期末余额		7=3+4-5-6		
	计费销售额		8=1-5	500000	
	费率		9	3%	—
	应缴费额		10=8×9	15000	

续表

项　目		栏 次	本月（期）数	本年累计
费额缴纳	期初未缴费额（多缴为负）	11		—
	本期已缴费额	12=13+14+15		
	其中：本期预缴费额	13		
	本期缴纳上期费额	14		
	本期缴纳欠费额	15		
	期末未缴费额（多缴为负）	16=10+11−12		
	其中：欠缴费额（≥ 0）	17=11−14−15		—
	本期应补（退）费额	18=10×（1−减征比例）−13	7500	—
	本期检查已补缴费额	19		

2.5.3 财务会计报告报送

2.5.3.1 事项概述

实行不同会计准则或制度的纳税人，依照执行的企业会计准则或制度，事先向税务机关备案，并分中期财务报表和年度财务报表，定期向税务机关报送财务报告。

2.5.3.2 报送资料

（1）执行企业会计准则的非金融企业中，尚未执行新金融准则和新收入准则的纳税人需要报送的资料见表 2−42。

表 2−42　财务会计报告报送资料

（尚未执行新金融准则和新收入准则的纳税人）

序号	报送资料	数量	备注
1	《资产负债表（适用于尚未执行新金融准则和新收入准则的企业）》	1 份	

续表

序号	报送资料	数量	备注
2	《利润表（适用于尚未执行新金融准则和新收入准则的企业）》	1份	
3	《现金流量表（适用于尚未执行新金融准则和新收入准则的企业）》	1份	除全国千户集团及其成员企业外，报送条件为税务机关要求报送时
4	《所有者权益变动表（适用于尚未执行新金融准则和新收入准则的企业）》	1份	除全国千户集团及其成员企业外，报送条件为税务机关要求报送时
5	《企业会计准则附注》	1份	全国千户集团总部及其成员企业

（2）执行企业会计准则的非金融企业中，已执行新金融准则、新收入准则和新租赁准则的纳税人需要报送的资料见表 2-43。

表 2-43　　财务会计报告报送资料

（已执行新金融准则、新收入准则和新租赁准则的纳税人）

序号	报送资料	数量	备注
1	《资产负债表（适用于已执行新金融准则或新收入准则的企业）》	1份	
2	《利润表（适用于已执行新金融准则或新收入准则的企业）》	1份	
3	《现金流量表（适用于已执行新金融准则或新收入准则的企业）》	1份	除全国千户集团及其成员企业外，报送条件为税务机关要求报送时
4	《所有者权益变动表（适用于已执行新金融准则或新收入准则的企业）》	1份	除全国千户集团及其成员企业外，报送条件为税务机关要求报送时
5	《企业会计准则附注》	1份	全国千户集团总部及其成员企业

（3）已执行新金融工具准则的金融企业纳税人需要报送的资料见表2-44。

表 2-44 财务会计报告报送资料

（已执行新金融工具准则的金融企业）

序号	报送资料	数量	备注
1	《资产负债表（适用于已执行新金融工具准则与新收入准则的金融企业）》	1份	
2	《利润表（适用于已执行新金融工具准则与新收入准则的金融企业）》	1份	
3	《现金流量表（适用于已执行新金融工具准则与新收入准则的金融企业）》	1份	除全国千户集团及其成员企业外，报送条件为税务机关要求报送时
4	《所有者权益变动表（适用于已执行新金融工具准则与新收入准则的金融企业）》	1份	除全国千户集团及其成员企业外，报送条件为税务机关要求报送时
5	《企业会计准则附注》	1份	全国千户集团总部及其成员企业

（4）已执行其他新企业准则但尚未执行新金融工具准则的金融企业纳税人需要报送的资料见表2-45。

表 2-45 财务会计报告报送资料

（已执行其他新企业准则但尚未执行新金融工具准则的金融企业）

序号	报送资料	数量	备注
1	《资产负债表（适用执行企业会计准则的商业银行）》	1份	
2	《利润表（适用执行企业会计准则的商业银行）》	1份	

续表

序号	报送资料	数量	备注
3	《现金流量表（适用执行企业会计准则的商业银行）》	1份	除全国千户集团及其成员企业外，报送条件为税务机关要求报送时
4	《所有者权益变动表（适用执行企业会计准则的商业银行）》	1份	除全国千户集团及其成员企业外，报送条件为税务机关要求报送时
5	《资产负债表（适用执行企业会计准则的保险公司）》	1份	
6	《利润表(适用执行企业会计准则的保险公司)》	1份	
7	《现金流量表（适用执行企业会计准则的保险公司）》	1份	除全国千户集团及其成员企业外，报送条件为税务机关要求报送时
8	《所有者权益变动表（适用执行企业会计准则的保险公司）》	1份	除全国千户集团及其成员企业外，报送条件为税务机关要求报送时
9	《资产负债表（适用执行企业会计准则的证券公司）》	1份	
10	《利润表(适用执行企业会计准则的证券公司)》	1份	
11	《现金流量表（适用执行企业会计准则的证券公司）》	1份	除全国千户集团及其成员企业外，报送条件为税务机关要求报送时
12	《所有者权益变动表（适用执行企业会计准则的证券公司）》	1份	除全国千户集团及其成员企业外，报送条件为税务机关要求报送时
13	《企业会计准则附注》	1份	全国千户集团总部及其成员企业

（5）执行小企业会计准则的纳税人需要报送的资料见表 2–46。

表 2–46 财务会计报告报送资料

（执行小企业会计准则的纳税人）

序号	报送资料	数量	备注
1	《资产负债表(适用执行小企业会计准则的企业)》	1 份	
2	《利润表 _ 月报(适用执行小企业会计准则的企业)》	1 份	报送期限为月报或季报的纳税人
3	《利润表 _ 年报(适用执行小企业会计准则的企业)》	1 份	报送期限为年报的纳税人
4	《现金流量表 _ 月报(适用执行小企业会计准则的企业)》	1 份	报送条件为税务机关要求报送时
5	《现金流量表 _ 年报（适用执行小企业会计准则的企业）》	1 份	报送条件为税务机关要求报送时

（6）执行企业会计制度的纳税人需要报送的资料见表 2–47。

表 2–47 财务会计报告报送资料

（执行企业会计制度的纳税人）

序号	报送资料	数量	备注
1	《资产负债表(适用执行企业会计制度的企业)》	1 份	
2	《利润表(适用执行企业会计制度的企业)》	1 份	
3	《现金流量表(适用执行企业会计制度的企业)》	1 份	除全国千户集团及其成员企业外，报送条件为税务机关要求报送时
4	《所有者权益(或股东权益)增减变动表(适用执行企业会计制度的企业)》	1 份	除全国千户集团及其成员企业外，报送条件为税务机关要求报送时
5	《企业会计制度附注》	1 份	全国千户集团总部及其成员企业

（7）执行政府会计准则制度的纳税人需要报送的资料见表 2–48。

表 2–48 财务会计报告报送资料

（执行政府会计准则制度的纳税人）

序号	报送资料	数量	备注
1	《资产负债表（适用执行政府会计准则制度的单位）》	1 份	除彩票机构、基层医疗卫生机构、国有林场和苗圃外的执行政府会计准则制度的单位
2	《资产负债表（适用执行政府会计准则制度的彩票机构）》	1 份	执行政府会计准则制度的彩票机构
3	《资产负债表（适用执行政府会计准则制度的基层医疗卫生机构）》	1 份	执行政府会计准则制度的基层医疗卫生机构
4	《资产负债表（适用执行政府会计准则制度的国有林场和苗圃）》	1 份	执行政府会计准则制度的国有林场和苗圃
5	《收入费用表 _ 月报（适用执行政府会计准则制度的单位）》	1 份	“财务会计制度及核算软件备案报告”中报送期限为月报或季报的纳税人
6	《收入费用表 _ 年报（适用执行政府会计准则制度的单位）》	1 份	“财务会计制度及核算软件备案报告”中报送期限为年报的纳税人
7	《净资产变动表（适用执行政府会计准则制度的单位）》	1 份	报送条件为税务机关要求报送时
8	《现金流量表（适用执行政府会计准则制度的单位）》	1 份	报送条件为税务机关要求报送时

（8）执行民间非营利组织会计制度的纳税人需要报送的资料见表 2–49。

表 2-49 财务会计报告报送资料

（执行民间非营利组织会计制度的纳税人）

序号	报送资料	数量	备注
1	《资产负债表（适用执行民间非营利组织会计制度的组织）》	1份	报送条件为税务机关要求报送时
2	《业务活动表（适用执行民间非营利组织会计制度的组织）》	1份	报送条件为税务机关要求报送时
3	《现金流量表 _ 年报（适用执行民间非营利组织会计制度的组织）》	1份	报送条件为税务机关要求报送时

（9）按照会计准则、会计制度等要求编制合并财务报表的全国千户集团总部纳税人需要报送的资料见表 2-50。

表 2-50 财务会计报告报送资料

（全国千户集团总部纳税人）

序号	报送资料	数量	备注
1	《合并利润表》	1份	
2	《合并现金流量表》	1份	
3	《合并资产负债表》	1份	
4	《合并所有者权益变动表》	1份	
5	《企业会计准则附注》	1份	

（10）执行农民专业合作社财务会计制度的纳税人需要报送的资料见表 2-51。

表 2-51　　财务会计报告报送资料

（执行农民专业合作社财务会计制度的纳税人）

序号	报送资料	数量	备注
1	《资产负债表（适用执行农民专业合作社财务会计制度的单位）》	1 份	报送条件为税务机关要求报送时
2	《盈余及盈余分配表（适用执行农民专业合作社财务会计制度的单位）》	1 份	报送条件为税务机关要求报送时
3	《成员权益变动表（适用执行农民专业合作社财务会计制度的单位）》	1 份	报送条件为税务机关要求报送时

（11）执行村集体经济组织会计制度的纳税人需要报送的资料见表 2-52。

表 2-52　　财务会计报告报送资料

（执行村集体经济组织会计制度的纳税人）

序号	报送资料	数量	备注
1	《资产负债表（适用执行村集体经济组织会计制度的单位）》	1 份	报送条件为税务机关要求报送时
2	《收益及收益分配表（适用执行村集体经济组织会计制度的单位）》	1 份	报送条件为税务机关要求报送时

（12）执行个体工商户会计制度的纳税人需要报送的资料见表 2-53。

表 2-53　　财务会计报告报送资料

（执行个体工商户会计制度的纳税人）

序号	报送资料	数量	备注
1	《资产负债表（适用执行个体工商户会计制度的单位）》	1 份	报送条件为税务机关要求报送时

续表

序号	报送资料	数量	备注
2	《应税所得表（适用执行个体工商户会计制度的单位）》	1 份	报送条件为税务机关要求报送时
3	《留存利润表（适用执行个体工商户会计制度的单位）》	1 份	报送条件为税务机关要求报送时

（13）执行工会会计制度的纳税人需要报送的资料见表 2–54。

表 2–54 财务会计报告报送资料

（执行工会会计制度的纳税人）

序号	报送资料	数量	备注
1	《资产负债表（适用执行工会会计制度的企业）》	1 份	报送条件为税务机关要求报送时
2	《收入支出表（适用执行工会会计制度的企业）》	1 份	报送条件为税务机关要求报送时
3	《往来款项明细表（适用执行工会会计制度的企业）》	1 份	报送条件为税务机关要求报送时
4	《经费收缴情况表（适用执行工会会计制度的企业）》	1 份	报送条件为税务机关要求报送时

温馨提示

（1）纳税人在向主管税务机关报送财务报表之前，应进行财务会计制度的备案。

（2）纳税人无论有无应税收入、所得和其他应税项目，或者在减免税期间，均必须依照《中华人民共和国税收征收管理法》第二十五条的规定，按其所适用的会计制度编制财务报表，并按规定的时限向主管税务机关报送；其所适用的会计制度规定需要编报相关附表以及会计报表附注、财务情况说明书、审计报告的，纳税人留存备查，税务机关有其他规定的除外。

（3）纳税人的财务会计报表原则上按季度和年度报送，确需按月报送的，由省税务机关确定。

（4）纳税人经批准延期办理纳税申报的，其财务会计报表报送期限可以顺延。

2.5.4 单位社会保险费申报

2.5.4.1 事项概述

社会保险费单位缴费人应当依照法律、行政法规规定或者税务机关依照法律、行政法规规定确定的申报期限、申报内容，申报缴纳社会保险费（省、自治区、直辖市另有规定的，按其规定执行）。

2.5.4.2 报送资料

（1）自行申报缴纳社会保险费的单位缴费人需要报送的资料见表2–55。

表 2–55 自行申报缴纳社会保险费的单位缴费人报送资料

序号	报送资料		数量	备注
1	《社会保险费缴费申报表（适用于单位缴费人）》		2 份	
适用情形		条件报送资料	数量	备注
采取社会保险费明细管理地区的单位缴费人		《社会保险费缴费明细申报表（适用职工个人）》	2 份	

（2）自行申报缴纳工程项目工伤保险费的单位缴费人需要报送的资料见表 2–56。

表 2-56　自行申报缴纳工程项目工伤保险费的单位缴费人报送资料

序号	报送资料	数量	备注
1	《社会保险费缴费申报表（适用工程项目工伤保险）》	2 份	

（3）依据社保经办机构核定应缴费额缴纳社会保险费的单位缴费人需要报送的资料见表 2-57。

表 2-57　依据社保经办机构核定应缴费额缴纳社会保险费的单位缴费人报送资料

序号	报送资料	数量	备注
1	《社会保险费核定通知单》	2 份	

（4）有其他特殊情形的，缴费人需按照主管税务机关的要求提供相关材料。

温馨提示

（1）单位缴费人一般按月申报缴纳社会保险费。

（2）单位缴费人申报缴纳社会保险费主要有两种方式，一是缴费人自行向税务机关申报缴纳；二是缴费人依据社保经办机构核定的应缴费额向税务机关缴纳，具体申报缴纳方式以当地政策为准。

（3）当税务机关信息系统可以接收到社保经办机构核定的应征数据时，缴费人无需提供《社会保险费核定通知单》。

（4）职工个人应当缴纳的社会保险费由所在单位代扣代缴。

3 条件性申报事项

随着事业渐入佳境，李小微决定从简陋的办公地点搬出来，到繁华地段的写字楼里给自己的公司安个新家。胆大心细的李老板看中了几间格局好、采光足的办公室，盘算着既能给员工一个宽敞明亮的环境，一年下来还能节省不少电费，而且写字楼里的多家企业还可能成为自己的潜在客户。于是李小微咬咬牙交了定金，决定近期买下这几间办公室。

花出去一笔大钱的李小微在回家的路上脑子飞转，研究着公司近期的业务和未来的发展。想着想着，思维突然跳跃到了王小税给自己上课的那天。“对呀，我记得王小税说过购置房屋要缴税啊！我这种用来经营的房屋还要缴房产税，而且纳税期限还比较特殊。再找王小税具体了解一下吧！”心里这么想的李小微，驱车来到了王小税家。

王小税热情地迎好友进门，并祝贺了李小微的置业之喜，说道：“对，没错。你在购置商业用房的时候涉及一些税费。以后在使用过程中，作为产权人，要缴纳房产税和城镇土地使用税。这些不是经常发生的事项，所以它们叫作条件性申报事项，绝大多数可以通过电子税务局‘其他申报’模块办理。其他一些特定业务、特定行业会涉及的税费也在这个模块中。老规矩，我们还是打开电子税务局，结合案例学一下吧！”

条件性申报事项是指小微企业在持续生产经营活动中，因发生特定涉税行为，或生产经营行为涉及特殊行业，依法应在规定时间内向税务机关申报办理的事项。具体包括扣缴个人所得税申报、印花税申报、契税申报、房产税申报、城镇土地使用税申报、增值税预缴申报、土地增值税申报、耕地占用税申报、资源税申报、车辆购置税申报、车船税申报、环境保护税申报、代扣代缴文化事业建设费申报、代收代缴车船税申报等申报事项。

3.1 居民个人取得分类所得个人所得税代扣代缴申报

3.1.1 事项概述

个人所得税以向个人支付所得的单位或者个人为扣缴义务人。扣缴义务人向居民个人支付利息、股息、红利所得，财产租赁所得，财产转让所得或者偶然所得时，应当按月或按次代扣代缴个人所得税，在次月 15 日内向主管税务机关纳税申报。

3.1.2 报送资料

扣缴义务人办理个人所得税扣缴申报需要报送的资料见表 3-1。

表 3-1　　个人所得税扣缴申报报送资料

<table>
<tr><th>序号</th><th colspan="2">报送资料</th><th>数量</th><th>备注</th></tr>
<tr><td>1</td><td colspan="2">《个人所得税扣缴申报表》</td><td>2 份</td><td></td></tr>
<tr><th colspan="2">适用情形</th><th>条件报送资料</th><th>数量</th><th>备注</th></tr>
<tr><td colspan="2">首次办理扣缴申报时或被扣缴义务人信息变更后</td><td>《个人所得税基础信息表（A 表）》</td><td>2 份</td><td></td></tr>
<tr><td colspan="2">纳税人存在减免个人所得税情形</td><td>《个人所得税减免税事项报告表》</td><td>1 份</td><td></td></tr>
</table>

温馨提示

（1）个人所得税纳税人取得除工资、薪金所得以外的其他所得，扣缴义务人应当在扣缴税款后，及时向个人所得税纳税人提供其个人所得税已扣缴税款等信息。

（2）扣缴义务人应当按照个人所得税纳税人提供的信息计算税款、办理扣缴申报，不得擅自更改纳税人提供的信息。扣缴义务人发现个人所得税纳税人提供的信息与实际情况不符，个人所得税纳税人拒绝修改的，扣缴义务人应当报告税务机关。个人所得税纳税人拒绝扣缴义务人依法履行代扣代缴义务的，扣缴义务人应当及时报告税务机关。

（3）扣缴义务人有未按照规定向税务机关报送资料和信息、应扣未扣税款、不缴或少缴已扣税款、借用或冒用他人身份等行为的，税务机关依照《中华人民共和国税收征收管理法》等相关法律、行政法规处理。

【案例 3-1】

A 公司为酬谢用户，于 2022 年 1 月举办了抽奖活动，李先生在活动中获得一等奖，奖品为现金 3000 元。A 公司应如何为李先生代扣代缴个人所得税？

解析：

根据《中华人民共和国个人所得税法实施条例》第六条的规定，偶然所得，是指个人得奖、中奖、中彩以及其他偶然性质的所得。A 公司应为李某的偶然所得代扣代缴个人所得税，代扣代缴的应纳税额 = 应纳税所得额（每次收入额）× 适用税率 = 3000 × 20% = 600（元）。个人所得税申报通过自然人税收管理系统扣缴客户端办理，申报表填写示例见表 3-2。

表 3-2 《个人所得税扣缴申报表》填写示例

个人所得税扣缴申报表

税款所属期：2022 年 1 月 1 日至 2022 年 1 月 31 日
扣缴义务人名称： A 公司
扣缴义务人纳税人识别号（统一社会信用代码）：×××××××××××××××××× 金额单位：元

序号	姓名	身份证件类型	身份证件号码	纳税人识别号	是否为非居民个人	所得项目	本月（次）情况				税款计算							备注
							收入额计算			减除费用	应纳税所得额	税率 / 预扣率	速算扣除数	应纳税额	减免税额	已缴税额	应补 / 退税额	
							收入	费用	免税收入									
1	2	3	4	5	6	7	8	9	10	11	34	35	36	37	38	39	40	41
1	李 ××	居民身份证			否	偶然所得	3000	0	0	0	3000	20%	0	600	0	0	600	
合 计																		

【案例 3-2】

中国公民李先生 2022 年 3 月将一套闲置住房出租给 A 公司用作职工宿舍，租期 2 年。合同约定按照市场价格每月收取租金 3500 元，假定不考虑其他税费。2022 年 4 月 A 公司应为李先生租金收入代扣代缴多少个人所得税？又该如何申报？

解析：

根据《中华人民共和国个人所得税法》第六条的规定，财产租赁所得，每次收入不超过 4000 元的，减除费用 800 元；4000 元以上的，减除 20% 的费用，其余额为应纳税所得额。根据《财政部　国家税务总局关于调整住房租赁市场税收政策的通知》（财税〔2000〕125 号）第三条的规定，对个人出租房屋取得的所得暂减按 10% 的税率征收个人所得税。A 公司支付李先生租金时应为其代扣代缴财产租赁所得个人所得税。

每月租金收入应缴纳个人所得税 =（3500 − 800）× 10% = 270（元）

《个人所得税扣缴申报表》填写示例见表 3-3。

表 3-3 《个人所得税扣缴申报表》填写示例

个人所得税扣缴申报表

税款所属期：2022 年 3 月 1 日至 2022 年 3 月 31 日
扣缴义务人名称：A 公司
扣缴义务人纳税人识别号（统一社会信用代码）：××××××××××××××××××

金额单位：元

序号	姓名	身份证件类型	身份证件号码	纳税人识别号	是否为非居民个人	所得项目	本月（次）情况					税款计算							备注
							收入额计算			减除费用									
							收入	费用	免税收入		应纳税所得额	税率/预扣率	速算扣除数	应纳税额	减免税额	已缴税额	应补/退税额		
1	2	3	4	5	6	7	8	9	10	11	34	35	36	37	38	39	40		41
1	李××	居民身份证			否	财产租赁所得	3500			800	2700	10%		270			270		
合计																			

3.2 印花税申报

3.2.1 事项概述

在中华人民共和国境内书立应税凭证、进行证券交易的单位和个人，在书立应税凭证或者完成证券交易的当日计算印花税税额。印花税按季、按年或者按次计征。实行按季、按年计征的，纳税人应当自季度、年度终了之日起 15 日内申报缴纳税款；实行按次计征的，纳税人应当自纳税义务发生之日起 15 日内申报缴纳税款。证券交易印花税按周解缴。证券交易印花税扣缴义务人应当自每周终了之日起 5 日内申报解缴税款以及银行结算的利息。

3.2.2 报送资料

办理印花税申报需要报送的资料见表 3–4。

表 3–4　　印花税申报报送资料

<table>
<tr><th>序号</th><th colspan="2">报送资料</th><th>数量</th><th>备注</th></tr>
<tr><td>1</td><td colspan="2">《财产和行为税纳税申报表》</td><td>2 份</td><td></td></tr>
<tr><td>2</td><td colspan="2">《印花税税源明细表》</td><td>2 份</td><td></td></tr>
<tr><th colspan="2">适用情形</th><th>条件报送资料</th><th>数量</th><th>备注</th></tr>
<tr><td colspan="2">享受印花税优惠的纳税人</td><td>《财产和行为税减免税明细申报附表》</td><td>2 份</td><td></td></tr>
</table>

温馨提示

（1）应税凭证包括：借款合同、融资租赁合同、买卖合同、承揽合同、建设工程合同、运输合同、技术合同、租赁合同、保管合同、仓储合同、财产保险合同；土地使用权出让书据，土地使用权、房屋等建筑物和构筑物所有权转让书据（不包括土地承包经营权和土地经营权转移），股权转让书据（不包括应缴纳证券交易印花税的），商标专用权、著作权、专利权、专有技术使用权转让书据；营业账簿。

（2）免征印花税的凭证有：应税凭证的副本或者抄本；依照法律规定应当予以免税的外国驻华使馆、领事馆和国际组织驻华代表机构为获得馆舍书立的应税凭证；中国人民解放军、中国人民武装警察部队书立的应税凭证；农民、家庭农场、农民专业合作社、农村集体经济组织、村民委员会购买农业生产资料或者销售农产品书立的买卖合同和农业保险合同；无息或者贴息借款合同、国际金融组织向中国提供优惠贷款书立的借款合同；财产所有权人将财产赠与政府、学校、社会福利机构、慈善组织书立的产权转移书据；非营利性医疗卫生机构采购药品或者卫生材料书立的买卖合同；个人与电子商务经营者订立的电子订单等。

3.3 契税申报

3.3.1 事项概述

在中华人民共和国境内转移土地、房屋权属，承受的单位和个人，应向土地、房屋所在地税务机关办理契税申报。

3.3.2 报送资料

纳税人办理契税申报需要报送的资料见表 3–5。

表 3–5 契税申报报送资料

序号	报送资料	数量	备注
1	《财产和行为税纳税申报表》	2 份	
2	《契税税源明细表》	2 份	
3	不动产权属转移合同原件及复印件	1 份	原件查验后退回
4	经办人身份证件原件	1 份	原件查验后退回
适用情形	条件报送资料	数量	备注
享受契税优惠的纳税人	《财产和行为税减免税明细申报附表》	2 份	
交付经济利益方式转移土地、房屋权属	土地、房屋权属转移相关价款支付凭证原件及复印件，其中，土地使用权出让为财政票据，土地使用权出售、互换和房屋买卖、互换为增值税发票	1 份	原件查验后退回
因人民法院、仲裁委员会的生效法律文书或者监察机关出具的监察文书等因素发生土地、房屋权属转移	生效法律文书或监察文书等原件及复印件	1 份	原件查验后退回

续表

适用情形	条件报送资料	数量	备注
根据人民法院、仲裁委员会的生效法律文书发生土地、房屋权属转移，纳税人不能取得销售不动产发票	人民法院、仲裁委员会的生效法律文书原件及复印件	1 份	原件查验后退回
	人民法院执行裁定书等原件及复印件	1 份	原件查验后退回

温馨提示

（1）购买新建商品房的纳税人，因销售新建商品房的房地产开发企业已办理注销税务登记或者被税务机关列为非正常户等原因不能取得销售不动产发票的，可在税务机关核实有关情况后办理契税纳税申报。

（2）契税的纳税义务发生时间，为纳税人签订土地、房屋权属转移合同的当日，或者纳税人取得其他具有土地、房屋权属转移合同性质凭证的当日。

（3）纳税人应当在依法办理土地、房屋权属登记手续前申报缴纳契税。

【案例 3-3】

A 公司是增值税小规模纳税人。2022 年 1 月，该公司向 B 公司购买了一个临街商铺，不含税价格 30 万元。A 公司所在省市规定的增值税小规模纳税人地方税种和相关附加减征幅度为 50%。A 公司应当如何计算申报契税、印花税？（假设 A 公司所在地契税的适用税率为 3%）

解析：

根据《财政部　税务总局关于进一步实施小微企业“六税两费”减免政策的公告》（财政部　税务总局公告2022年第10号）第一条的规定，由省、自治区、直辖市人民政府根据本地区实际情况，以及宏观调控需要确定，对增值税小规模纳税人、小型微利企业和个体工商户可以在50%的税额幅度内减征资源税、城市维护建设税、房产税、城镇土地使用税、印花税（不含证券交易印花税）、耕地占用税和教育费附加、地方教育附加。

计算过程如下：

契税应纳税额 = 300000 × 3% = 9000（元）

印花税实际应纳税额 = 300000 × 0.5‰ ×（1 – 50%）= 75（元）

需填写《财产和行为税纳税申报表》《财产和行为税减免税明细申报附表》，填写示例见表3–6、表3–7。

表3–6　《财产和行为税纳税申报表》填写示例

财产和行为税纳税申报表

纳税人识别号（统一社会信用代码）：□□□□□□□□□□□□□□□□□□□□

纳税人名称：　A公司　　　　金额单位：元

序号	税种	税目	税款所属期起	税款所属期止	计税依据	税率	应纳税额	减免税额	已缴税额	应补（退）税额
1	契税		2022.1.1	2022.1.31	300000	3%	9000			9000
2	印花税	土地使用权、房屋等建筑物和构筑物所有权转让书据	2022.1.1	2022.1.31	300000	0.5‰	150	75		75
3	合计	—	—	—	—	—	9150	75		9075

表 3-7　　《财产和行为税减免税明细申报附表》填写示例

财产和行为税减免税明细申报附表

纳税人识别号（统一社会信用代码）：□□□□□□□□□□□□□□□□□□
纳税人名称：　　　　　　　　　　　　　　　　　　　　金额单位：元

<table>
<tr><td colspan="2" rowspan="3">本期是否适用小微企业“六税两费”减免政策</td><td rowspan="3">☑是　□否</td><td rowspan="2">减免政策适用主体</td><td colspan="2">增值税小规模纳税人：☑是　□否</td></tr>
<tr><td colspan="2">增值税一般纳税人：□个体工商户 □小型微利企业</td></tr>
<tr><td>适用减免政策起止时间</td><td colspan="2">年　月至　年　月</td></tr>
<tr><td colspan="3">合计减免税额</td><td colspan="3"></td></tr>
<tr><td colspan="6">印花税</td></tr>
<tr><td>序号</td><td>税目</td><td>税款所属期起</td><td>税款所属期止</td><td>减免性质代码和项目名称</td><td>减免税额</td></tr>
<tr><td>1</td><td>土地使用权、房屋等建筑物和构筑物所有权转让书据</td><td>2022.1.1</td><td>2022.1.31</td><td></td><td>75</td></tr>
<tr><td>2</td><td></td><td></td><td></td><td></td><td></td></tr>
<tr><td>小计</td><td>—</td><td></td><td></td><td>—</td><td></td></tr>
<tr><td colspan="6">契　税</td></tr>
<tr><td>序号</td><td>税源编号</td><td>税款所属期起</td><td>税款所属期止</td><td>减免性质代码和项目名称</td><td>减免税额</td></tr>
<tr><td>1</td><td></td><td></td><td></td><td></td><td></td></tr>
<tr><td>2</td><td></td><td></td><td></td><td></td><td></td></tr>
<tr><td>小计</td><td>—</td><td></td><td></td><td>—</td><td></td></tr>
</table>

3.4 房产税申报

3.4.1 事项概述

在城市、县城、建制镇、工矿区范围内的房产税纳税义务人，应当在省、自治区、直辖市人民政府规定的纳税期限内办理房产税申报。

3.4.2 报送资料

房产税申报需要报送的资料见表 3–8。

表 3–8 房产税申报报送资料

序号	报送资料	数量	备注
1	《财产和行为税纳税申报表》	2 份	
适用情形	**条件报送资料**	**数量**	**备注**
首次申报或税源信息发生变化	《城镇土地使用税 房产税税源明细表》	2 份	
享受税收优惠的纳税人	《财产和行为税减免税明细申报附表》	2 份	

温馨提示

房产税由产权所有人缴纳。房屋产权属于全民所有的，由经营管理的单位缴纳。产权出典的，由承典人缴纳。产权所有人、承典人不在房产所在地的，或者产权未确定及租典纠纷未解决的，由房产代管人或者使用人缴纳。

【案例 3-4】

某省 B 公司为增值税小规模纳税人，2021 年 12 月 20 日取得房屋 2 栋用于经营生产，房产原值 1000 万元，不包括冷暖通风设备 60 万元。假设该省规定按房产原值一次扣除 30% 后的余值计税，增值税小规模纳税人“六税两费”减征幅度为 50%，依照房产余值计算缴纳的房产税按年征收、分期缴纳，每半年征收一次。该公司应纳多少房产税，又该如何申报？

解析：

根据《国家税务总局关于进一步明确房屋附属设备和配套设施计征房产税有关问题的通知》（国税发〔2005〕173 号）第一条的规定，为了维持和增加房屋的使用功能或使房屋满足设计要求，凡以房屋为载体，不可随意移动的附属设备和配套设施，如给排水、采暖、消防、中央空调、电气及智能化楼宇设备等，无论在会计核算中是否单独记账与核算，都应计入房产原值，计征房产税。该公司 60 万元的冷暖通风设备应计入房产原值。房产税依照房产余值计算缴纳的，税率为 1.2%。

根据《财政部　税务总局关于进一步实施小微企业“六税两费”减免政策的公告》（财政部　税务总局公告 2022 年第 10 号）第一条的规定，由省、自治区、直辖市人民政府根据本地区实际情况，以及宏观调控需要确定，对增值税小规模纳税人、小型微利企业和个体工商户可以在 50% 的税额幅度内减征资源税、城市维护建设税、房产税、城镇土地使用税、印花税（不含证券交易印花税）、耕地占用税和教育费附加、地方教育附加。该公司为增值税小规模纳税人，可按该省规定的 50% 幅度减征房产税。

计算过程如下：

应纳税额 =［（10000000 + 600000）×（1 − 30%）］× 1.2% × 6 ÷

12 = 44520（元）

减免税额 = 44520 × 50% = 22260（元）

实际应纳税额 = 44520 − 22260 = 22260（元）

该公司实际应缴纳房产税（从价计征）22260 元。

《财产和行为税纳税申报表》《财产和行为税减免税明细申报附表》填写示例见表 3-9、表 3-10。

表 3-9　　《财产和行为税纳税申报表》填写示例

财产和行为税纳税申报表

纳税人识别号（统一社会信用代码）：□□□□□□□□□□□□□□□□□□□□□□
纳税人名称：　B 公司　　　　　　　　　　　　　　　　　　　　　　　　　　　金额单位：元

序号	税种	税目	税款所属期起	税款所属期止	计税依据	税率	应纳税额	减免税额	已缴税额	应补（退）税额
1	房产税		2022.1.1	2022.6.30	10600000	1.2%	44520	22260		22260
3	合计	—	—	—	—	—	44520	22260		22260

表 3-10　　《财产和行为税减免税明细申报附表》填写示例

财产和行为税减免税明细申报附表

纳税人识别号（统一社会信用代码）：□□□□□□□□□□□□□□□□□□□□□□
纳税人名称：A 公司　　　　　　　　　　　　　　　　　　　　　　　　　　　金额单位：元

<table>
<tr><td rowspan="3">本期是否适用小微企业“六税两费”减免政策</td><td rowspan="3">☑是　□否</td><td rowspan="2">减免政策适用主体</td><td>增值税小规模纳税人：☑是　□否</td></tr>
<tr><td>增值税一般纳税人：□个体工商户
□小型微利企业</td></tr>
<tr><td>适用减免政策起止时间</td><td>年　月至　　年　月</td></tr>
<tr><td colspan="2">合计减免税额</td><td colspan="2"></td></tr>
</table>

续表

房产税					
序号	房产编号	税款 所属期起	税款 所属期止	减免性质代码 和项目名称	减免税额
1		2022.1.1	2022.6.30		22260
2					
小计	—			—	

【案例 3-5】

某省 B 企业为增值税小规模纳税人，2022 年 1 月底将自有房屋 2 栋出租给某公司用作经营用房，年租金收入 600000 元（不含增值税），合同约定承租方于每月 10 日付月租金 50000 元（不含增值税），假设该企业所在省规定的增值税小规模纳税人地方税种和相关附加减征幅度为 50%。2022 年 3 月 B 企业应申报缴纳多少房产税？

解析：

根据《国家税务总局关于房产税　城镇土地使用税有关政策规定的通知》（国税发〔2003〕89 号）第二条的规定，出租、出借房产，自交付出租、出借房产之次月起计征房产税和城镇土地使用税。B 企业房产税从 2 月开始计征。

根据《财政部　税务总局关于进一步实施小微企业“六税两费”减免政策的公告》（财政部　税务总局公告 2022 年第 10 号）第一条的规定，由省、自治区、直辖市人民政府根据本地区实际情况，以及宏观调控需要确定，对增值税小规模纳税人、小型微利企业和个体工商户可以在 50% 的税额幅度内减征资源税、城市维护建设税、房产税、城镇土地使用税、印花税（不含证券交易印花税）、耕地占用税和教育费附加、地方教育附加。B 企业为增值税小规模纳税人，可按该省规定的 50% 幅度减征房产税。房产税依照房产租金收入计算缴纳的，税率为 12%。

应纳税额 $= 50000 \times 12\% = 6000$（元）

减免税额 $= 6000 \times 50\% = 3000$（元）

实际应纳税额 $= 6000 - 3000 = 3000$（元）

3 月 B 企业应申报缴纳房产税（从租计征）3000 元。

《财产和行为税纳税申报表》《财产和行为税减免税明细申报附表》填写示例见表 3-11、表 3-12。

表 3-11　　《财产和行为税纳税申报表》填写示例

财产和行为税纳税申报表

纳税人识别号（统一社会信用代码）：□□□□□□□□□□□□□□□□□□□□□

纳税人名称：B 企业　　　　金额单位：元

序号	税种	税目	税款所属期起	税款所属期止	计税依据	税率	应纳税额	减免税额	已缴税额	应补（退）税额
1	房产税		2022.2.1	2022.2.28	50000	12%	6000	3000		3000
2	合计	—	—	—	—	—	6000	3000		3000

表 3-12　　《财产和行为税减免税明细申报附表》填写示例

财产和行为税减免税明细申报附表

纳税人识别号（统一社会信用代码）：□□□□□□□□□□□□□□□□□□□□□

纳税人名称：B 企业　　　　金额单位：元

<table>
<tr><td rowspan="3">本期是否适用小微企业“六税两费”减免政策</td><td rowspan="3">☑是　□否</td><td rowspan="2">减免政策适用主体</td><td>增值税小规模纳税人：☑是　□否</td></tr>
<tr><td>增值税一般纳税人：□个体工商户
□小型微利企业</td></tr>
<tr><td>适用减免政策起止时间</td><td>年　月至　年　月</td></tr>
<tr><td colspan="2">合计减免税额</td><td colspan="2"></td></tr>
</table>

续表

房产税					
序号	房产编号	税款 所属期起	税款 所属期止	减免性质代码 和项目名称	减免税额
1		2022.2.1	2022.2.28		300
2					
小计	—			—	

3.5 城镇土地使用税申报

3.5.1 事项概述

在城市、县城、建制镇、工矿区范围内的城镇土地使用税纳税人，应当在省、自治区、直辖市人民政府规定的缴纳期限内办理城镇土地使用税申报。

3.5.2 报送资料

办理城镇土地使用税申报需要报送的资料见表 3–13。

表 3–13　　城镇土地使用税申报报送资料

序号	报送资料	数量	备注
1	《财产和行为税纳税申报表》	2 份	
适用情形	**条件报送资料**	**数量**	**备注**
首次申报或土地信息发生变更时	《城镇土地使用税　房产税税源明细表》	2 份	
享受税收优惠的纳税人	《财产和行为税减免税明细申报附表》	2 份	

【案例 3–6】

某省 A 公司为增值税小规模纳税人，2022 年 9 月 1 日购置占地 600 平方米的新建厂房并于当月投入使用，经确定属于三级地段。假设该省规定的增值税小规模纳税人“六税两费”减征幅度为 50%，该地三级地段年税额 2 元 / 平方米，城镇土地使用税按年征收、按季缴纳。A 公司 2022 年应纳城镇土地使用税应如何计算、申报？

解析：

根据《国家税务总局关于房产税　城镇土地使用税有关政策规定的通知》（国税发〔2003〕89 号）第二条的规定，购置新建商品房，自房屋交付使用之次月起计征房产税和城镇土地使用税。

根据《财政部　税务总局关于进一步实施小微企业“六税两费”减免政策的公告》（财政部　税务总局公告 2022 年第 10 号）第一条的规定，由省、自治区、直辖市人民政府根据本地区实际情况，以及宏观调控需要确定，对增值税小规模纳税人、小型微利企业和个体工商户可以在 50% 的税额幅度内减征资源税、城市维护建设税、房产税、城镇土地使用税、印花税（不含证券交易印花税）、耕地占用税和教育费附加、地方教育附加。A 公司为增值税小规模纳税人，可按该省规定的 50% 幅度减征城镇土地使用税。

A 公司城镇土地使用税应纳税额 = 600 × 2 × 3 ÷ 12 = 300（元）

减免税额 = 300 × 50% = 150（元）

实际应纳税额 = 300 − 150 = 150（元）

《财产和行为税纳税申报表》《财产和行为税减免税明细申报附表》填写示例见表 3-14、表 3-15。

表 3-14　《财产和行为税纳税申报表》填写示例

财产和行为税纳税申报表

纳税人识别号（统一社会信用代码）：□□□□□□□□□□□□□□□□□□□□□

纳税人名称：A 公司　　金额单位：元

序号	税种	税目	税款所属期起	税款所属期止	计税依据	税率	应纳税额	减免税额	已缴税额	应补（退）税额
1	城镇土地使用税		2022.10.1	2022.12.31	600	2	300	150		150
2	合计	—	—	—	—	—	300	150		150

表 3-15　　《财产和行为税减免税明细申报附表》填写示例

财产和行为税减免税明细申报附表

纳税人识别号（统一社会信用代码）：□□□□□□□□□□□□□□□□□□□□□

纳税人名称：A 公司　　　　金额单位：元

<table>
<tr><td rowspan="3">本期是否适用小微企业“六税两费”减免政策</td><td rowspan="3">☑是　□否</td><td rowspan="2">减免政策适用主体</td><td>增值税小规模纳税人：☑是　□否</td></tr>
<tr><td>增值税一般纳税人：□个体工商户
□小型微利企业</td></tr>
<tr><td>适用减免政策起止时间</td><td>年　月至　年　月</td></tr>
<tr><td colspan="2">合计减免税额</td><td colspan="2"></td></tr>
</table>

城镇土地使用税					
序号	土地编号	税款所属期起	税款所属期止	减免性质代码和项目名称	减免税额
1		2022.10.1	2022.12.31		150
2					
小计	—			—	

3.6 增值税预缴申报

3.6.1 事项概述

纳税人有下列情形之一的，应预缴税款：

（1）纳税人（不含其他个人）跨地（市、州）提供建筑服务；

（2）纳税人（不含其他个人）出租与机构所在地不在同一县（市、区）的不动产；

（3）房地产开发企业预售自行开发的房地产项目；

（4）纳税人（不含其他个人）转让其取得的不动产。

3.6.2 报送资料

办理增值税预缴申报需要报送的资料见表 3–16。

表 3–16　　增值税预缴申报报送资料

<table>
<tr><th>序号</th><th colspan="2">报送资料</th><th>数量</th><th>备注</th></tr>
<tr><td>1</td><td colspan="2">《增值税及附加税费预缴表》</td><td>2 份</td><td></td></tr>
<tr><th colspan="2">适用情形</th><th>条件报送资料</th><th>数量</th><th>备注</th></tr>
<tr><td colspan="2" rowspan="3">跨地（市、州）提供建筑服务的纳税人</td><td>与发包方签订的建筑合同复印件（加盖纳税人公章）</td><td rowspan="3">1 份</td><td rowspan="3"></td></tr>
<tr><td>与分包方签订的分包合同复印件（加盖纳税人公章）</td></tr>
<tr><td>从分包方取得的发票复印件（加盖纳税人公章）</td></tr>
</table>

温馨提示

（1）关于办税服务厅（场所）的选择：

① 纳税人（不含其他个人）跨地（市、州）提供建筑服务，在建筑服务发生地税务机关办税服务厅（场所）办理。

② 纳税人（不含其他个人）出租与机构所在地不在同一县（市、区）的不动产，在不动产所在地税务机关办税服务厅（场所）办理。

③ 房地产开发企业预售自行开发的房地产项目，在主管税务机关办税服务厅（场所）办理。

④ 纳税人提供建筑服务取得预收款，在建筑服务发生地税务机关办税服务厅（场所）办理；无须在建筑服务发生地预缴增值税的项目，在机构所在地税务机关办税服务厅（场所）办理预缴增值税。

⑤ 纳税人（不含其他个人）转让其取得的不动产，向不动产所在地主管税务机关预缴的增值税税款。

（2）纳税人按照规定从取得的全部价款和价外费用中扣除支付的分包款，应当取得符合法律、行政法规和国家税务总局规定的合法有效凭证，包括：

① 从分包方取得的 2016 年 4 月 30 日前开具的建筑业营业税发票。上述建筑业营业税发票在 2016 年 6 月 30 日前可作为预缴税款的扣除凭证。

② 从分包方取得的 2016 年 5 月 1 日后开具的，备注栏注明建筑服务发生地所在县（市、区）、项目名称的增值税发票。

③ 国家税务总局规定的其他凭证。

（3）纳税人（不含其他个人）跨地（市、州）提供建筑服务：

① 向建筑服务发生地税务机关预缴的增值税税款，可以在当期增值税应纳税额中抵减，抵减不完的，结转下期继续抵减。纳税人以预缴税款抵减应纳税额，应以完税凭证作为合法有效凭证。

② 不能自行开具增值税发票的小规模纳税人，可向建筑服务发生地税务机关按照其取得的全部价款和价外费用申请代开增值税发票。

③ 纳税人在同一地级行政区范围内跨县（市、区）提供建筑服务，不适用《纳税人跨县（市、区）提供建筑服务增值税征收管理暂行办法》。

（4）纳税人（不含其他个人）出租与机构所在地不在同一县（市、区）的不动产：

① 应在取得租金的次月纳税申报期或不动产所在地税务机关核定的纳税期限预缴税款。

② 纳税人提供租赁服务采取预收款方式的，其纳税义务发生时间为收到预收款的当天。

③ 向不动产所在地税务机关预缴的增值税税款，可以在当期增值税应纳税额中抵减，抵减不完的，结转下期继续抵减。纳税人以预缴税款抵减应纳税额，应以完税凭证作为合法有效凭证。

④ 不能自行开具增值税发票的小规模纳税人，可向不动产所在地税务机关申请代开增值税发票。

（5）房地产开发企业预售自行开发的房地产项目：

① 纳税人应在取得预收款的次月纳税申报期向税务机关预缴税款。

② 向税务机关预缴的增值税税款，可以在当期增值税应纳税额中抵减，抵减不完的，结转下期继续抵减。纳税人以预缴税款抵减应纳税额，应以完税凭证作为合法有效凭证。

③ 不能自行开具增值税发票的小规模纳税人，可向项目所在地税务机关申请代开增值税发票。

（6）纳税人提供建筑服务取得预收款，应在收到预收款时，以取得的预收款扣除支付的分包款后的余额，按照规定的预征率预缴增值税。按照现行规定应在建筑服务发生地预缴增值税的项目，纳税人收到预收款时在建筑服务发生地预缴增值税。按照现行规定无须在建筑服务发生地预缴增值税的项目，纳税人收到预收款时在机构所在地预缴增值税。适用一般计税方法计税的项目预征率为 2%，适用简易计税方法计税的项目预征率为 3%。

（7）一般纳税人提供建筑服务，符合以下情形的，可以选择适用简易计税方法计税：

① 一般纳税人以清包工方式提供的建筑服务，可以选择适用简易计税方法计税。以清包工方式提供建筑服务，是指施工方不采购建筑工程所需的材料或只采购辅助材料，并收取人工费、管理费或者其他费用的建筑服务。

② 一般纳税人为甲供工程提供的建筑服务，可以选择适用简易计税方法计税。甲供工程是指全部或部分设备、材料、动力由工程发包方自行采购的建筑工程。

③ 一般纳税人为建筑工程老项目提供的建筑服务，可以选择适用简易计税方法计税。建筑工程老项目，是指《建筑工程施工许可证》注明的合同开工日期在 2016 年 4 月 30 日前的建筑工程项目。未取得《建筑工程施工许可证》的，建筑工程承包合同注明的开工日期在 2016 年 4 月 30 日前的建筑工程项目视为老项目。

（8）纳税人（不含其他个人）转让其取得的不动产：

① 向不动产所在地主管税务机关预缴的增值税税款，可以在当期增值税应纳税额中抵减，抵减不完的转下期继续抵减。纳税人以预缴税款抵减应纳税额应以完税凭证作为合法有效凭证。

② 小规模纳税人转让其取得的不动产，不能自行开具增值税发票的，可向不动产所在地主管税务机关申请代开。

（9）按照现行规定应当预缴增值税税款的小规模纳税人。凡在预缴地实现的月销售额未超过 15 万元的，当期无须预缴税款。

【案例 3-7】

A 建筑公司是增值税一般纳税人，机构所在地为 X 省 X 县城。2022 年 4 月，A 公司承接 Y 省 Y 市区的桥梁工程项目，2022 年 5 月取得该项目的建筑服务价款 3270000 元（含税价）。该公司选择一般计税方法计税。A 公司取得建筑服务收入时，应如何办理增值税预缴申报？

解析：

根据《国家税务总局关于发布〈跨县（市、区）提供建筑服务增值税征收管理暂行办法〉的通知》（国家税务总局公告 2016 年第 17 号）、《国家税务总局关于进一步明确营改增有关征管问题的公告》（国家税务总局公告 2017 年第 11 号）及《财政部 税务总局关于建筑服务等营改增试点政策的通知》（财税〔2017〕58 号）的规定，纳税人提供建筑服务取得预收款，应在收到预收款时，以取得的预收款扣除支付的分包款后的余额，按规定的预征率预缴增值税。

A 公司取得这笔款项时，需要向建筑服务发生地主管税务机关预缴增值税，适用一般计税方法计税的项目预征率为 2%。A 公司应在 Y 省工程所在地主管税务机关预缴增值税，应预缴税款 = 3270000 ÷（1 + 9%）× 2% = 60000（元），需要填报《增值税及附加税费预缴表》，《增值税及附加税费预缴表》填写要求如下：

"是否适用一般计税方法"：该项目适用一般计税方法的纳税人在该项目后的"□"中打"√"；

"项目编号"：填写《建筑工程施工许可证》上的编号，根据相关规定不需要申请《建筑工程施工许可证》的建筑服务项目，不需要填写；

"项目名称"：填写建筑服务的名称；

"项目地址"：填写建筑服务项目的地址。

《增值税及附加税费预缴表》填写示例见表 3–17。

表 3-17　《增值税及附加税费预缴表》填写示例

增值税及附加税费预缴表

税款所属时间：2022 年 5 月 1 日至 2022 年 5 月 31 日

纳税人识别号(统一社会信用代码)：□□□□□□□□□□□□□□□□□□□□□□□□□　　是否适用一般计税方法　是☑　否□

纳税人名称：　　金额单位：元

项目编号：　　项目名称：

项目地址：

预征项目和栏次		销售额	扣除金额	预征率	预征税额	
		1	2	3	4	
建筑服务	1	3270000	0	2%	60000	
销售不动产	2					
出租不动产	3					
合计	4	3270000			60000	
附加税费						
城市维护建设税实际预缴税额		420	教育费附加实际预缴费额	180	地方教育附加实际预缴费额	120

【案例 3-8】

A 公司是增值税小规模纳税人，选择按季申报，机构所在地为 X 省。2022 年 1 月，A 公司承接 Y 省 Y 市区的桥梁工程项目，1 月和 2 月未取得该项目的建筑服务收入，3 月取得该项目的建筑服务收入 25 万元（含税价）。A 公司应如何进行预缴申报？

解析：

根据《国家税务总局关于小规模纳税人免征增值税征管问题的公告》（国家税务总局公告 2021 年第 5 号）的规定，小规模纳税人发生增值税应税销售行为，合计月销售额未超过 15 万元（以 1 个季度为 1 个纳税期的，季度销售额未超过 45 万元）的，免征增值税；按照现行规定应当预缴增值税税款的小规模纳税人，凡在预缴地实现的月销售额未超过 15 万元的（以 1 个季度为 1 个纳税期的，季度销售额未超过 45 万元），当期无须预缴税款。

预缴增值税税款的小规模纳税人，凡在预缴地实现的月销售额未超过 15 万元（以 1 个季度为 1 个纳税期的，季度销售额未超过 45 万元）的，当期无须预缴税款。A 公司是按季申报的增值税小规模纳税人，3 月虽然取得该项目的建筑服务收入 25 万元，但 1—3 月取得该项目的建筑服务收入合计未超过 30 万元，当月不需在工程所在地预缴增值税。

3.7 土地增值税申报

3.7.1 土地增值税预征申报

3.7.1.1 事项概述

纳税人在项目全部竣工结算前转让房地产取得的收入，由于涉及成本确定或其他原因，而无法据以计算土地增值税的，应按照各省税务机关规定的纳税期限，向税务机关进行纳税申报缴纳土地增值税。

3.7.1.2 报送资料

办理土地增值税预征申报需要报送的资料见表 3–18。

表 3–18 土地增值税预征申报报送资料

序号	报送资料	数量	备注
1	《财产和行为税纳税申报表》	2 份	
2	《土地增值税纳税申报表（从事房地产开发的纳税人预缴适用）》	2 份	
适用情形	条件报送资料	数量	备注
享受税收优惠的纳税人	《财产和行为税减免税明细申报附表》	2 份	

3.7.2 土地增值税清算申报

3.7.2.1 事项概述

从事房地产开发的纳税人有下列情形之一的，应办理土地增值税清算申报：

（1）房地产开发项目全部竣工、完成销售的；

（2）整体转让未竣工决算房地产开发项目的；

（3）直接转让土地使用权的。

3.7.2.2　报送资料

土地增值税征收方式为查账征收的纳税人需要报送的资料见表 3–19。

表 3–19　　土地增值税清算申报报送资料

序号	报送资料	数量	备注
1	《财产和行为税纳税申报表》	2 份	
2	预售许可证等与转让房地产的收入、成本和费用有关资料原件及复印件	1 份	原件查验后退回
适用情形	**条件报送资料**	**数量**	**备注**
办理房地产开发项目土地增值税清算的纳税人报送，整体转让在建工程的纳税人视情况报送	房地产开发项目清算说明、项目竣工决算报表复印件、银行贷款利息结算通知单原件及复印件、项目工程合同结算单原件及复印件、商品房购销合同统计表、房地产销售明细表	1 份	原件查验后退回
整体转让在建工程的纳税人	《土地增值税税源明细表（纳税人整体转让在建工程适用）》	2 份	
需要进行相关成本费用扣除的纳税人	取得土地使用权所支付的地价款凭证原件及复印件、国有土地使用权出让合同原件及复印件	1 份	原件查验后退回
主管税务机关需要相应项目记账凭证的	记账凭证复印件	1 份	
享受土地增值税优惠的项目	《财产和行为税减免税明细申报附表》	2 份	
	减免土地增值税证明材料原件及复印件	1 份	原件查验后退回
由各地根据本地实际情况制定	土地增值税清算附表	2 份	
进行土地增值税清算申报的核定征收的纳税人	《土地增值税税源明细表（从事房地产开发的纳税人按核定征收方式清算适用）》	2 份	
进行土地增值税清算申报的查账征收的纳税人	《土地增值税税源明细表（从事房地产开发的纳税人清算适用）》	2 份	

温馨提示

（1）对于符合应进行土地增值税清算条件的项目，纳税人应当在满足条件之日起 90 日内到主管税务机关办理清算手续。

（2）对于符合可要求纳税人进行土地增值税清算的项目，由主管税务机关确定是否进行清算。对于确定需要进行清算的项目，由主管税务机关下达清算通知，纳税人应当在收到清算通知之日起 90 日内办理清算手续。

（3）纳税人符合下列条件之一的，应进行土地增值税的清算：

① 房地产开发项目全部竣工、完成销售的；

② 整体转让未竣工决算房地产开发项目的；

③ 直接转让土地使用权的。

（4）对符合以下条件之一的，主管税务机关可要求纳税人进行土地增值税清算：

① 已竣工验收的房地产开发项目，已转让的房地产建筑面积占整个项目可售建筑面积的比例在 85% 以上，或该比例虽未超过 85%，但剩余的可售建筑面积已经出租或自用的；

② 取得销售（预售）许可证满 3 年仍未销售完毕的；

③ 纳税人申请注销税务登记但未办理土地增值税清算手续的，应在办理注销登记前进行土地增值税清算；

④ 省（自治区、直辖市、计划单列市）税务机关规定的其他情况。

（5）在土地增值税清算中符合以下条件之一的，可实行核定征收：

① 依照法律、行政法规的规定应当设置但未设置账簿的；

② 擅自销毁账簿或者拒不提供纳税资料的；

③ 虽设置账簿，但账目混乱或者成本资料、收入凭证、费用凭证残缺不全，难以确定转让收入或扣除项目金额的；

④ 符合土地增值税清算条件，企业未按照规定的期限办理清算手续，经税务机关责令限期清算，逾期仍不清算的；

⑤ 申报的计税依据明显偏低，又无正当理由的。

3.7.3 清算后尾盘销售土地增值税申报

3.7.3.1 事项概述

从事房地产开发的纳税人在土地增值税清算时未转让的房地产，清算后销售或有偿转让的，应办理尾盘销售土地增值税纳税申报。

3.7.3.2 报送资料

办理房地产项目尾盘销售土地增值税申报需要报送的资料见表 3–20。

表 3–20　　清算后尾盘销售土地增值税申报报送资料

序号	报送资料	数量	备注
1	《财产和行为税纳税申报表》	2 份	
2	土地增值税税源明细表（从事房地产开发的纳税人清算后尾盘销售适用）	2 份	
适用情形	**条件报送资料**	**数量**	**备注**
享受土地增值税优惠的纳税人	减免土地增值税证明材料原件及复印件	1 份	原件查验后退回
	《财产和行为税减免税明细申报附表》	2 份	

3.7.4 转让旧房及建筑物土地增值税申报

3.7.4.1 事项概述

非从事房地产开发的纳税人转让房地产，应办理旧房转让土地增值税申报。

从事房地产开发的纳税人将开发产品转为自用、出租等用途且已达到主管税务机关旧房界定标准后，又将该旧房对外出售的，应办理旧房转让土地增值税申报。

3.7.4.2 报送资料

（1）办理旧房转让土地增值税申报需要报送的资料见表 3–21。

表 3-21　　旧房转让土地增值税申报报送资料

序号	报送资料	数量	备注
1	《财产和行为税纳税申报表》	2 份	
2	不动产权属资料、房产买卖合同、房地产评估报告原件及复印件	1 份	
适用情形	**条件报送资料**	**数量**	**备注**
查账征收的纳税人	《土地增值税税源明细表（转让旧房及建筑物的纳税人适用）》	2 份	
核定征收的纳税人	《土地增值税税源明细表（转让旧房及建筑物的纳税人核定征收适用）》	2 份	
享受土地增值税优惠的纳税人	减免土地增值税证明材料原件及复印件	1 份	原件查验后退回
	《财产和行为税减免税明细申报附表》	2 份	

【案例 3-9】

A 公司转让一幢已使用 10 年的厂房，当时造价 800000 元，无偿取得土地使用权。如果按当前市场的材料、人工费计算，建造同样的厂房需 5000000 元，该厂房七成新。该厂房出售价为 4000000 元，支付有关税费共计 17000 元（城市维护建设税 14000 元，印花税 2000 元，教育费附加、地方教育附加 1000 元）。A 公司应当如何计算并申报转让旧房应缴纳的土地增值税？

解析：

计算土地增值税税额的简便计算方法：

土地增值税税额 = 增值额 × 适用的税率 − 扣除项目金额 × 速算

扣除系数

增值额未超过扣除项目金额50%的，土地增值税税额 = 增值额 × 30%。

评估价格 = 重置成本价 × 成新度折扣率

计算增值额的扣除项目包括：取得土地使用权所支付的金额；开发土地的成本、费用；新建房及配套设施的成本、费用，或者旧房及建筑物的评估价格；与转让房地产有关的税金；财政部规定的其他扣除项目。

A公司土地增值税计算过程如下：

（1）评估价格 = 5000000 × 70% = 3500000（元）

（2）允许扣除的税金 = 17000（元）

（3）扣除项目金额合计 = 3500000 + 17000 = 3517000（元）

（4）增值额 = 4000000 − 3517000 = 483000（元）

（5）增值率 = 483000 ÷ 3517000 × 100% = 13.73%

（6）应纳税额 = 483000 × 30% − 3517000 × 0 = 144900（元）

《财产和行为税纳税申报表》填写示例见表3-22。

表3-22　《财产和行为税纳税申报表》填写示例

财产和行为税纳税申报表

纳税人识别号（统一社会信用代码）：□□□□□□□□□□□□□□□□□□□□□

纳税人名称：A公司　　金额单位：元

序号	税种	税目	税款所属期起	税款所属期止	计税依据	税率	应纳税额	减免税额	已缴税额	应补（退）税额
1	土地增值税				483000	30%	144900			144900
2	合计	—	—	—	—	—	144900			144900

3.8 耕地占用税申报

3.8.1 事项概述

在中华人民共和国境内占用耕地建设建筑物、构筑物或者从事非农业建设的单位和个人，应当缴纳耕地占用税。

占用园地、林地、草地、农田水利用地、养殖水面、渔业水域滩涂以及其他农用地建设建筑物、构筑物或者从事非农业建设的，依照规定缴纳耕地占用税。

3.8.2 报送资料

耕地占用税申报需要报送的资料见表3-23。

表3-23 耕地占用税申报报送资料

序号	报送资料	数量	备注
1	《财产和行为税纳税申报表》	2份	
2	《耕地占用税税源明细表》	2份	
3	经办人身份证件	1份	查验后退回
适用情形	**条件报送资料**	**数量**	**备注**
享受耕地占用税优惠的纳税人	《财产和行为税减免税明细申报附表》	2份	
经批准占用应税土地	农用地转用审批文件复印件或临时占用耕地批准文件复印件	1份	
未经批准占用应税土地	实际占地的相关证明材料复印件	1份	

温馨提示

（1）经批准占用应税土地的，耕地占用税纳税义务发生时间为纳税人收到自然资源主管部门办理占用耕地手续的书面通知的当日；未经批准占用应税土地的，耕地占用税纳税义务发生时间为自然资源主管部门认定的纳税人实际占用耕地的当日。

（2）因挖损、采矿塌陷、压占、污染等损毁耕地的纳税义务发生时间为自然资源、农业农村等相关部门认定损毁耕地的当日。纳税人改变原占地用途，补缴耕地占用税纳税义务发生时间为改变用途之日，改变用途之日分两种情况：一是经批准改变用途的，收到批准文件的日期为补缴税款纳税义务发生时间；二是未经批准改变用途的，耕地占用税补缴税款纳税义务发生时间为自然资源主管部门认定的纳税人改变原占地用途的当日。纳税人应当自纳税义务发生之日起 30 日内在耕地或其他农用地所在地申报缴纳耕地占用税。

（3）占用耕地建设农田水利设施的，不缴纳耕地占用税。占用园地、林地、草地、农田水利用地、养殖水面、渔业水域滩涂以及其他农用地建设直接为农业生产服务的生产设施的，不缴纳耕地占用税。

（4）自然资源主管部门凭耕地占用税完税凭证或者免税凭证和其他有关文件发放建设用地批准书。

【案例 3-10】

某省 A 公司为增值税小规模纳税人，于 2022 年 1 月申请占用 500 平方米耕地（非基本农田）用于工业建设，2 月 1 日收到自然资源主管部门办理占用耕地手续的书面通知。所占耕地适用的定额税率为 18 元 / 平方米，该省规定增值税小规模纳税人“六税两费”减征幅度为 50%。A 公司应纳的耕地占用税如何计算？又该如何申报？

解析：

根据《财政部　税务总局关于进一步实施小微企业“六税两费”减免政策的公告》（财政部　税务总局公告2022年第10号）第一条的规定，由省、自治区、直辖市人民政府根据本地区实际情况，以及宏观调控需要确定，对增值税小规模纳税人、小型微利企业和个体工商户可以在50%的税额幅度内减征资源税、城市维护建设税、房产税、城镇土地使用税、印花税（不含证券交易印花税）、耕地占用税和教育费附加、地方教育附加。A公司为增值税小规模纳税人，可按该省规定的50%幅度减征耕地占用税。

应纳税额＝500×18＝9000（元）

减免税额＝9000×50%＝4500（元）

实际应纳税额＝9000－4500＝4500（元）

《财产和行为税纳税申报表》《财产和行为税减免税明细申报附表》填写示例见表3-24、表3-25。

表3-24　　《财产和行为税纳税申报表》填写示例

财产和行为税纳税申报表

纳税人识别号（统一社会信用代码）：□□□□□□□□□□□□□□□□□□□□

纳税人名称：　A公司　　　　金额单位：元

序号	税种	税目	税款所属期起	税款所属期止	计税依据	税率	应纳税额	减免税额	已缴税额	应补（退）税额
1	耕地占用税		2022.2.1	2022.2.28	500	18	9000	4500		4500
2	合计	—	—	—	—	—	9000	4500		4500

表 3-25　　《财产和行为税减免税明细申报附表》填写示例

财产和行为税减免税明细申报附表

纳税人识别号（统一社会信用代码）：□□□□□□□□□□□□□□□□□□□□□□

纳税人名称：A 公司　　金额单位：元

<table>
<tr><td colspan="2" rowspan="3">本期是否适用小微企业“六税两费”减免政策</td><td rowspan="3">☑是　□否</td><td rowspan="2">减免政策适用主体</td><td colspan="2">增值税小规模纳税人：☑是　□否</td></tr>
<tr><td colspan="2">增值税一般纳税人：□个体工商户 □小型微利企业</td></tr>
<tr><td>适用减免政策起止时间</td><td colspan="2">年　月至　年　月</td></tr>
<tr><td colspan="3">合计减免税额</td><td colspan="3"></td></tr>
<tr><td colspan="6">耕地占用税</td></tr>
<tr><td>序号</td><td>税源编号</td><td>税款所属期起</td><td>税款所属期止</td><td>减免性质代码和项目名称</td><td>减免税额</td></tr>
<tr><td>1</td><td></td><td>2022.2.1</td><td>2022.2.28</td><td></td><td>4500</td></tr>
<tr><td>2</td><td></td><td></td><td></td><td></td><td></td></tr>
<tr><td>小计</td><td>—</td><td></td><td></td><td>—</td><td></td></tr>
</table>

3.9 资源税申报

3.9.1 事项概述

在中华人民共和国领域和中华人民共和国管辖的其他海域，开发应税资源的单位和个人，应按照法律法规规定办理资源税纳税申报。

在水资源税试点地区利用取水工程或者设施直接从江河、湖泊（含水库）和地下取用地表水、地下水的单位和个人，应当依照规定缴纳水资源税。

3.9.2 报送资料

（1）纳税人办理资源税（不含水资源税）申报需要报送的资料见表3-26。

表 3-26 资源税申报报送资料

序号	报送资料	数量	备注
1	《财产和行为税纳税申报表》	2 份	
2	《资源税税源明细表》	2 份	
适用情形	条件报送资料	数量	备注
享受资源税优惠的纳税人	《财产和行为税减免税明细申报附表》	2 份	

（2）水资源税纳税人报送资料由试点省税务机关确定。自 2016 年 7 月 1 日起河北省试点开征水资源税；自 2017 年 12 月 1 日起，北京、天津、山西、内蒙古、山东、河南、四川、陕西、宁夏 9 个省（自治区、直辖市）推开水资源税改革试点。

【案例 3–11】

某省 A 煤矿的洗煤厂为增值税小规模纳税人，2022 年 3 月将开采的原煤移送用于生产洗煤 120 吨，当月销售 80 吨，取得不含增值税的销售额 200000 元（含洗选煤厂到车站的运费 4000 元，已取得相应凭据）。假设洗煤折算率为 80%，原煤适用的资源税税率为 2%，该省规定的增值税小规模纳税人"六税两费"减征幅度为 50%。2022 年 3 月该洗煤厂应纳资源税该如何计算与申报？

解析：

1. 根据《财政部 税务总局关于进一步实施小微企业"六税两费"减免政策的公告》（财政部 税务总局公告 2022 年第 10 号）第一条的规定，由省、自治区、直辖市人民政府根据本地区实际情况，以及宏观调控需要确定，对增值税小规模纳税人、小型微利企业和个体工商户可以在 50% 的税额幅度内减征资源税、城市维护建设税、房产税、城镇土地使用税、印花税（不含证券交易印花税）、耕地占用税和教育费附加、地方教育附加。A 洗煤厂为增值税小规模纳税人，可按该省规定的 50% 幅度减征资源税。

2. 根据《国家税务总局关于发布〈资源税征收管理规程〉的公告》（国家税务总局公告 2018 年第 13 号）第七条的规定，对同时符合以下条件的运杂费用，纳税人在计算应税产品计税销售额时，可予以扣减：①包含在应税产品销售收入中；②属于纳税人销售应税产品环节发生的运杂费用，具体是指运送应税产品从坑口或者洗选（加工）地到车站、码头或者购买方指定地点的运杂费用；③取得相关运杂费用发票或者其他合法有效凭据；④将运杂费用与计税销售额分别进行核算。从洗煤厂到车站的运费 4000 元可以从销售额中扣除。

洗煤厂应纳资源税的计算过程如下：

应纳资源税 =（200000 – 4000）× 80% × 2% = 3136（元）

减免税额 = 3136 × 50% = 1568（元）

实际应纳税额 = 3136 – 1568 = 1568（元）

《财产和行为税纳税申报表》《财产和行为税减免税明细申报附表》填写示例见表 3–27、表 3–28。

表 3–27　　《财产和行为税纳税申报表》填写示例

财产和行为税纳税申报表

纳税人识别号（统一社会信用代码）：□□□□□□□□□□□□□□□□□□□□

纳税人名称：　A 公司　　　　金额单位：元

序号	税种	税目	税款所属期起	税款所属期止	计税依据	税率	应纳税额	减免税额	已缴税额	应补（退）税额
1	资源税	煤炭	2022.3.1	2022.3.31	156800	2%	3136	1568		1568
2	合计	—	—	—	—	—	3136	1568		1568

表 3–28　　《财产和行为税减免税明细申报附表》填写示例

财产和行为税减免税明细申报附表

纳税人识别号（统一社会信用代码）：□□□□□□□□□□□□□□□□□□□□

纳税人名称：A 公司　　　　金额单位：元

<table>
<tr><td colspan="3" rowspan="3">本期是否适用小微企业“六税两费”减免政策</td><td rowspan="3">☑是　☐否</td><td rowspan="2">减免政策适用主体</td><td colspan="2">增值税小规模纳税人：☑是　☐否</td></tr>
<tr><td colspan="2">增值税一般纳税人：☐个体工商户
☐小型微利企业</td></tr>
<tr><td>适用减免政策起止时间</td><td colspan="2">年　月至　　年　月</td></tr>
<tr><td colspan="4">合计减免税额</td><td colspan="3"></td></tr>
<tr><td colspan="7">资源税</td></tr>
<tr><td>序号</td><td>税目</td><td>子目</td><td>税款所属期起</td><td>税款所属期止</td><td>减免性质代码和项目名称</td><td>减免税额</td></tr>
<tr><td>1</td><td></td><td></td><td>2022.3.1</td><td>2022.3.31</td><td></td><td>1568</td></tr>
<tr><td>2</td><td></td><td></td><td></td><td></td><td></td><td></td></tr>
<tr><td>小计</td><td>—</td><td>—</td><td></td><td></td><td>—</td><td></td></tr>
</table>

3.10 车辆购置税申报

3.10.1 事项概述

在中华人民共和国境内以购买、进口、自产、受赠、获奖或者其他方式取得并自用汽车、有轨电车、汽车挂车、排气量超过150毫升的摩托车的纳税人，依照法律、行政法规规定或者税务机关确定的申报期限、申报内容，申报缴纳车辆购置税。

3.10.2 报送资料

车辆购置税申报需要报送的资料见表3–29。

表3–29　　车辆购置税申报报送资料

序号	报送资料	数量	备注
1	《车辆购置税纳税申报表》	2份	
2	整车出厂合格证或者《车辆电子信息单》	1份	查验后退回
3	车辆相关价格凭证	1份	境内购置车辆为机动车销售统一发票或者其他有效凭证，进口自用车辆为《海关进口关税专用缴款书》或者海关进出口货物征免税证明，属于应征消费税车辆的还包括《海关进口消费税专用缴款书》
适用情形	**条件报送资料**	**数量**	**备注**
免税、减税车辆因转让、改变用途等原因不再属于免税、减税范围（发生二手车交易行为）	二手车销售统一发票原件及复印件	1份	原件查验后退回
免税、减税车辆因转让、改变用途等原因不再属于免税、减税范围（其他情形）	按照相关规定提供申报材料	1份	

温馨提示

（1）车辆购置税的纳税义务发生时间为纳税人购置应税车辆的当日。关于纳税义务发生时间的具体规定如下：

① 购买自用应税车辆的为购买之日，即车辆相关价格凭证的开具日期；

② 进口自用应税车辆的为进口之日，即《海关进口增值税专用缴款书》或者其他有效凭证的开具日期；

③ 自产、受赠、获奖或者以其他方式取得并自用应税车辆的为取得之日，即合同、法律文书或者其他有效凭证的生效或者开具日期。

（2）车辆购置税的计税价格根据不同情况按下列规定确定：

① 纳税人购买自用应税车辆的计税价格，为纳税人实际支付给销售者的全部价款，不包括增值税税款；

② 纳税人进口自用应税车辆的计税价格，为关税完税价格加上关税和消费税；

③ 纳税人自产自用应税车辆的计税价格，按照纳税人生产的同类应税车辆的销售价格确定，不包括增值税税款；

④ 纳税人以受赠、获奖或者其他方式取得自用应税车辆的计税价格，按照购置应税车辆时相关凭证载明的价格确定，不包括增值税税款。

（3）纳税人以外汇结算应税车辆价款的，按照申报纳税之日的人民币汇率中间价折合成人民币计算缴纳税款。

（4）纳税人申报的应税车辆计税价格明显偏低，又无正当理由的，由税务机关依照《中华人民共和国税收征收管理法》的规定核定其应纳税额。

（5）免税、减税车辆因转让、改变用途等原因不再属于免税、减税范围的，纳税人应当在办理车辆转移登记或者变更登记前缴纳车辆购置税。计税价格以免税、减税车辆初次办理纳税申报时确定的计税价格为基准，每满一年扣减 10%。

（6）车辆购置税的纳税地点按下列规定确定：

① 需要办理车辆登记的，向车辆登记地的主管税务机关申报纳税；

② 不需要办理车辆登记的，单位纳税人向其机构所在地的主管税务机关申报纳税，个人纳税人向其户籍所在地或者经常居住地的主管税务机关申报纳税。

（7）自 2019 年 6 月 1 日起，纳税人在全国范围内办理车辆购置税纳税业务时，税务机关不再打印和发放纸质《车辆购置税完税证明》。纳税人办理完成车辆购置税纳税业务后，在公安机关交通管理部门办理车辆注册登记时，不需向公安机关交通管理部门提交纸质《车辆购置税完税证明》。

（8）自 2019 年 7 月 1 日起，纳税人在全国范围内办理车辆购置税补税、完税证明换证或者更正等业务时，税务机关不再出具纸质《车辆购置税完税证明》。

（9）纳税人如需纸质《车辆购置税完税证明》，可向主管税务机关提出，由主管税务机关打印《车辆购置税完税证明（电子版）》，也可自行通过本省（自治区、直辖市和计划单列市）电子税务局等官方互联网平台查询和打印。

【案例 3-12】

2022 年 1 月，A 公司受邀参加 B 汽车公司举办的有奖销售活动，中奖获得小汽车一辆，机动车销售发票上注明的不含税金额为 168800 元。A 公司应如何计算车辆购置税？

解析：

纳税人以购买、进口、自产、受赠、获奖或者其他方式取得并自用应税车辆应按规定缴纳车辆购置税。

应纳税额 = 168800 × 10% = 16880（元）

3.11 车船税申报

3.11.1 事项概述

保险机构在办理应税车辆、船舶保险时未代缴车船税的，应税车辆、船舶的所有人或者管理人应当自行办理车船税申报。

3.11.2 报送资料

车辆、船舶所有人或管理人办理车船税申报需要报送的资料见表 3-30。

表 3-30 车船税申报报送资料

序号	报送资料	数量	备注
1	《财产和行为税纳税申报表》	2 份	
适用情形	条件报送资料	数量	备注
首次申报或税源信息发生变化	《车船税税源明细表》	2 份	
享受车船税优惠的纳税人	《财产和行为税减免税明细申报附表》	2 份	

温馨提示

已由从事交强险业务的保险机构代收代缴车船税的纳税人，不需要再向车辆登记地的主管税务机关申报缴纳车船税。

【案例 3-13】

A 公司在 2021 年初拥有整备质量为 10 吨的载货汽车 4 辆，1.6 升排气量小轿车 2 辆。2021 年 3 月，其购入整备质量为 8 吨的载货汽车 3 辆，当月办理完登记手续。2021 年 10 月，A 公司 1 辆小轿车被盗，公安机关出具了证明。A 公司所在地人民政府规定载货汽车车船税税额 60 元 / 吨，1.6 升排气量小轿车车船税税额 360 元 / 辆。2021 年 A 公司应如何申报缴纳车船税？

解析：

2021 年 A 公司车船税计算过程如下：

应缴纳车船税税额 $= 10 \times 60 \times 4 + 8 \times 60 \times 3 \times 10 \div 12 + 360 \times 2 - 360 \times 3 \div 12 = 4230$（元）

纳税人在购买车辆交强险时，由保险机构代收代缴车船税。在一个纳税年度内，已完税的车船被盗抢、报废、灭失的，纳税人可以凭有关管理机关出具的证明和完税凭证，向纳税所在地的主管税务机关申请退还自被盗抢、报废、灭失月份起至该纳税年度终了期间的税款。本例中，A 公司涉及的车船税退税办理可参照“4.8.7　车船税退抵税”处理。

3.12 环境保护税申报

3.12.1 事项概述

在中华人民共和国领域和中华人民共和国管辖的其他海域，直接向环境排放应税污染物的企业、事业单位和其他生产经营者，应依照法律法规的规定办理环境保护税申报。

3.12.2 报送资料

（1）首次申报或基础信息发生变化时，环境保护税纳税人办理环境保护税申报需要报送的资料见表3-31。

表3-31　　环境保护税申报报送资料

序号	报送资料	数量	备注
1	《财产和行为税纳税申报表》	2份	
2	《环境保护税税源明细表》	2份	
适用情形	条件报送资料	数量	备注
享受环境保护税优惠的纳税人	《财产和行为税减免税明细申报附表》	2份	

温馨提示

（1）纳税人基础信息发生变化的，应在基础信息发生变化当季的纳税申报期结束前，向主管税务机关申报办理变更手续。

（2）纳税人应当向应税污染物排放地的主管税务机关申报缴纳环境保护税。海洋工程环境保护税由纳税人所属海洋石油税务（收）管理分局负责征收。

（3）环境保护税按月计算，按季申报缴纳。不能按固定期限计算缴纳的，可以按次申报缴纳。

（4）纳税人按季申报缴纳的，应当自季度终了之日起 15 日内，向税务机关办理纳税申报并缴纳税款。纳税人按次申报缴纳的，应当自纳税义务发生之日起 15 日内，向税务机关办理纳税申报并缴纳税款。

【案例 3-14】

某省 B 造纸厂是环境保护税纳税人，有废气排放口一个、废水排放口一个，都安装了符合国家监测标准的自动监测设备。监测数据显示，2022 年 1 月，该造纸厂共排放废气 200 万立方米，废水 1000 吨。其中，大气污染物含应税污染物浓度分别为：一般性粉尘每立方米 40 毫克，二氧化硫每立方米 200 毫克，汞每立方米 0.1 毫克，氮氧化物每立方米 150 毫克。水污染物含应税污染物浓度分别为：氟化物每升 20 毫克，总磷每升 10 毫克，悬浮物每升 100 毫克。B 造纸厂所在省规定大气污染物税额为 1.2 元 / 污染当量，水污染物税额为 1.4 元 / 污染当量。该造纸厂 2022 年 1 月的环境保护税如何计算？

解析：

1. 大气污染物排放量计算如下。

一般性粉尘：$2000000 \times 40 \div 1000000 = 80$（千克）

二氧化硫：$2000000 \times 200 \div 1000000 = 400$（千克）

汞：$2000000 \times 0.1 \div 1000000 = 0.2$（千克）

氮氧化物：$2000000 \times 150 \div 1000000 = 300$（千克）

根据污染物排放量计算污染当量数。

一般性粉尘：$80 \div 4 = 20$

二氧化硫：$400 \div 0.95 = 421.05$

汞：$0.2 \div 0.0001 = 2000$

氮氧化物：$300 \div 0.95 = 315.79$

同一排放口大气污染物当量数排序：汞 > 二氧化硫 > 氮氧化物 > 一般性粉尘，按前三项征收环境保护税。

污染当量数合计：$2000 + 421.05 + 315.79 = 2736.84$

2. 水污染物排放量计算如下。

氟化物：$1000 \times 1000 \times 20 \div 1000000 = 20$（千克）

总磷：$1000 \times 1000 \times 10 \div 1000000 = 10$（千克）

悬浮物：$1000 \times 1000 \times 100 \div 1000000 = 100$（千克）

根据污染物排放量计算污染当量数。

氟化物：$20 \div 0.5 = 40$

总磷：$10 \div 0.25 = 40$

悬浮物：$100 \div 4 = 25$

污染当量数合计：$40 + 40 + 25 = 105$

应纳税额：$2736.84 \times 1.2 + 105 \times 1.4 = 3431.21$（元）

【案例 3-15】

某省生态环境厅公布的抽样测算方法中规定住宿业纳税人按当量值/床位按月核定计算“污水”的环境保护税。B公司是该省住宿业纳税人，拥有100张床位。该省的水污染物税率为1.4元/污染当量，污染当量值为3当量值/床位。2021年8月B公司应纳环境保护税如何计算？

解析：

根据《中华人民共和国环境保护税法》第十条的规定，水污染物的排放量，不能按照污染物自动监测数据、监测机构出具的监测数据和排污系数、物料衡算方法计算的，按照省、自治区、直辖市人民政府生态环境主管部门规定的抽样测算的方法核定计算。

应纳税额 $= 100 \times 3 \times 1.4 = 420$（元）

3.13 代扣代缴文化事业建设费申报

3.13.1 事项概述

中华人民共和国境外的广告媒介单位和户外广告经营单位在境内提供广告服务，在境内未设有经营机构的，以广告服务接受方为文化事业建设费的扣缴义务人。扣缴义务人依照法律、行政法规规定或者税务机关确定的申报期限、申报内容，向税务机关申报代扣代缴的文化事业建设费。

3.13.2 报送资料

代扣代缴文化事业建设费申报需要报送的资料见表 3–32。

表 3–32　　代扣代缴文化事业建设费申报报送资料

<table>
<tr><th>序号</th><th colspan="2">报送资料</th><th>数量</th><th>备注</th></tr>
<tr><td>1</td><td colspan="2">《文化事业建设费代扣代缴报告表》</td><td>2 份</td><td></td></tr>
<tr><th colspan="2">适用情形</th><th>条件报送资料</th><th>数量</th><th>备注</th></tr>
<tr><td colspan="2">扣缴义务人在扣缴税款时已向被扣缴义务人开具税票</td><td>《中华人民共和国税收缴款书（代扣代收专用）》第二联</td><td>1 份</td><td></td></tr>
<tr><td colspan="2">扣缴义务人汇总缴库开具税票</td><td>《中华人民共和国税收缴款书（银行经收专用）》第一联</td><td>1 份</td><td></td></tr>
</table>

温馨提示

文化事业建设费的申报期限与扣缴义务人的增值税申报期限相同；扣缴义务人代扣代缴税款后，纳税人需要换开正式完税证明的，可以向税务机关申请开具。

3.14　清算企业所得税申报

3.14.1　事项概述

纳税人有下列情形之一的，应办理居民企业清算所得税申报：

（1）因解散、破产、重组等原因终止生产经营活动的纳税人，应在办理注销登记之前，以整个清算期间作为一个纳税年度，计算清算所得及其应纳所得税，在清算结束之日起 15 日内办理申报。

（2）不再持续经营的纳税人，应在办理注销登记之前，以整个清算期间作为一个纳税年度，计算清算所得及其应纳所得税，在清算结束之日起 15 日内办理申报。

（3）企业由法人转变为个人独资企业、合伙企业等非法人组织，或将登记注册地转移至中华人民共和国境外（包括港澳台地区），应在办理注销登记之前，以整个清算期间作为一个纳税年度，计算清算所得及其应纳所得税，在清算结束之日起 15 日内办理申报。

3.14.2　报送资料

居民企业清算企业所得税申报需要报送的资料见表 3-33。

表 3-33　　居民企业清算企业所得税申报报送资料

<table>
<tr><th>序号</th><th colspan="2">报送资料</th><th>数量</th><th>备注</th></tr>
<tr><td>1</td><td colspan="2">《中华人民共和国企业清算所得税申报表》</td><td>2 份</td><td></td></tr>
<tr><th colspan="2">适用情形</th><th>条件报送资料</th><th>数量</th><th>备注</th></tr>
<tr><td colspan="2" rowspan="3">企业由法人转变为个人独资企业、合伙企业等非法人组织，或将登记注册地转移至中华人民共和国境外（包括港澳台地区）</td><td>企业改变法律形式的市场监督管理部门或其他政府部门的批准文件复印件</td><td>1 份</td><td></td></tr>
<tr><td>企业全部资产的计税基础以及评估机构出具的资产评估报告复印件</td><td>1 份</td><td></td></tr>
<tr><td>企业债权、债务处理或归属情况说明复印件</td><td>1 份</td><td></td></tr>
</table>

续表

适用情形	条件报送资料	数量	备注
被合并企业	企业合并的市场监督管理部门或其他政府部门的批准文件复印件	1份	
	企业全部资产和负债的计税基础以及评估机构出具的资产评估报告复印件	1份	
	被合并企业债务处理或归属情况说明复印件	1份	
被分立企业	企业分立的市场监督管理部门或其他政府部门的批准文件复印件	1份	
	被分立企业全部资产的计税基础以及评估机构出具的资产评估报告复印件	1份	
	被分立企业债务处理或归属情况说明复印件	1份	

温馨提示

完成居民企业清算企业所得税申报后，可继续办理清税注销或开具清税证明等事宜。

4 特殊申报事项

转眼间，李小微的企业已经开业一年了。这一年里，李小微积极开拓业务，依法诚信纳税，用努力和汗水给自己和员工铺就了一个光明、踏实的未来。李小微亲力亲为，带着财务人员做企业所得税汇算清缴，也是想看看自己企业一年来的“成绩单”，提交申报表后，发现各季度累计预缴税额大于全年应缴税额。李小微这下傻眼了，想着不用补税是肯定的，但多缴的税款还能退回来吗？

正犯难的李小微来到写字楼一楼大厅，竟巧遇一身制服的王小税。原来今天王小税所在税务局组织业务骨干到写字楼宣传税法知识，辅导企业进行所得税的汇算清缴。这可是咨询的好机会，还不赶紧问一问。于是李小微一五一十地说明了在企业所得税汇算清缴中遇见的情况。

王小税听后回答：“对于多缴的税款，你可以申请退税的。你这种情形属于汇算清缴退税。其实还有一些申报事项不局限于特定税种，有程序上的特殊性，退税就是其中一种。正好今天还有几家企业的财务人员一起咨询，我干脆把特殊申报事项都给你们介绍一下。人多了，一起学比较有动力嘛！”

特殊申报事项是小微企业在持续生产经营活动中较少发生，仅在发生特定业务，或涉及特殊情形时，依法向税务机关申请办理的事项。特殊申报事项不局限于特定税（费），具有程序、对象上的特殊性。本章介绍的特殊申报事项具体包括委托代征报告、延期申报、延期缴纳税款、申报错误更正、税款定额核定、退（抵）税办理等。

4.1 委托代征报告

4.1.1 事项概述

根据《中华人民共和国税收征收管理法实施细则》有利于税收控管和方便纳税的要求，按照双方自愿、简便征收、强化管理、依法委托的原则和国家有关规定，税务机关可委托有关单位和人员代征零星、分散和异地缴纳的税收。依法接受税务机关委托代征税款的单位或人员，根据税务机关确定的代征范围、核定税额或计税依据、税率代征税款，在税款解缴期内填报《委托代征税款报告表》《委托代征税款明细报告表》及其他相关资料，向税务机关进行委托代征报告，并解缴税款。

4.1.2 报送资料

委托代征申报需要报送的资料见表 4-1。

表 4-1　　委托代征申报报送资料

序号	报送资料	数量	备注
1	《委托代征税款报告表》	2 份	
2	《委托代征税款明细报告表》	1 份	
适用情形	**条件报送资料**	**数量**	**备注**
委托代征人汇总缴库	《中华人民共和国税收缴款书（银行经收专用）》	1 份	
委托代征人开具《中华人民共和国税收缴款书（税务收现专用）》	《中华人民共和国税收缴款书（税务收现专用）》	1 份	

温馨提示

（1）受托代征人与委托税务机关应签订《委托代征协议书》。

（2）受托代征人不得将其受托代征税款事项再行委托其他单位、组织或人员办理。

（3）纳税人拒绝缴纳的，受托代征人应自纳税人拒绝之时起 24 小时内将情况报告税务机关，由税务机关向纳税人追缴税款。受托代征人未将情况报告的，税务机关可按《委托代征协议书》的约定向受托代征人按日加收未征少征税款万分之五的违约金。

（4）受托代征人应按规定期限解缴税款。未按规定期限解缴税款的，由税务机关责令限期解缴，并可从税款滞纳之日起按日加收未解缴税款万分之五的违约金。

（5）受托代征人违规多征税款的，由委托税务机关承担相应的法律责任，并责令受托代征人立即退还，税款已入库的，由委托税务机关按规定办理退库手续；受托代征人违规多征税款致使纳税人合法权益受到损失的，由税务机关赔偿，税务机关拥有事后向代征人追偿的权利。

【案例 4-1】

A 公司是二手车交易市场有限责任公司，属增值税小规模纳税人，已与主管税务机关签订《委托代征协议书》，负责该二手车交易市场内二手车交易行为税款征收工作。2022 年 2 月，未办理税务登记的 B 汽车门市部通过该交易市场销售了一部二手车，不含税销售价格 350000 元。A 公司就此笔业务应当如何填报《委托代征税款报告表》？（A 公司所在地按 50% 的幅度对增值税小规模纳税人减征“六税两费”，城市维护建设税税率为 7%，教育费附加、地方教育附加征收率分别为 3%、2%。）

解析：

A 公司应当填报《委托代征税款报告表》，并根据填开的委托代征税款凭证填报《委托代征税款明细报告表》。

根据《国家税务总局关于明确二手车经销等若干增值税征管问题的公告》（国家税务总局公告 2020 年第 9 号）第一条的规定，从事二手经销业务的纳税人销售其收购的二手车，减按 0.5% 征收率征收增值税。根据《财政部　税务总局关于进一步实施小微企业“六税两费”减免政策的公告》（财政部　税务总局公告 2022 年第 10 号）第一条的规定，由省、自治区、直辖市人民政府根据本地区实际情况，以及宏观调控需要确定，对增值税小规模纳税人、小型微利企业和个体工商户可以在 50% 的税额幅度内减征资源税、城市维护建设税、房产税、城镇土地使用税、印花税（不含证券交易印花税）、耕地占用税和教育费附加、地方教育附加。A 公司为增值税小规模纳税人，可以按 50% 的幅度减征城市维护建设税、教育费附加和地方教育附加。委托代征税款计算如下：

应纳增值税税额 = 350000 × 0.5% = 1750（元）

应纳城市维护建设税税额 = 1750 × 7% ×（1 − 50%）= 61.25（元）

应纳教育费附加 = 1750 × 3% ×（1 − 50%）= 26.25（元）

应纳地方教育附加 = 1750 × 2% ×（1 − 50%）= 17.5（元）

《委托代征税款报告表》填写示例见表 4-2。

表 4-2 《委托代征税款报告表》填写示例

委托代征税款报告表

填表日期：2022 年 3 月 10 日　　　　金额单位：元

纳税人识别号		××××××××××××××××××				代征人税款所属期起			2022.2.1				
纳税人名称		A 二手车交易市场有限责任公司				代征人税款所属期止			2022.2.28				
所属行业	征收项目	征收品目	被代征人税款所属期起	被代征人税款所属期止	计税依据	税率	单位税额	应纳税额	已缴税款	减免税额	应代征税额	已代征税额	代征户（次）数	备注
	增值税		2022.2.1	2022.2.28	350000.00	0.5%		1750.00	0	0	1750.00	0	1	
	城市维护建设税		2022.2.1	2022.2.28	1750.00	7%		122.50	0	61.25	61.25	0	1	
	教育费附加		2022.2.1	2022.2.28	1750.00	3%		52.50	0	26.25	26.25	0	1	
	地方教育附加		2022.2.1	2022.2.28	1750.00	2%		35.00	0	17.50	17.50	0	1	
合计	—	—	—	—	—	—	—							
如纳税人填报，由纳税人填写以下各栏						如委托税务代理机构填报，由税务代理机构填写以下各栏							
会计主管（签章）			经办人（签章）			税务代理机构名称					税务代理机构（公章）		
						税务代理机构地址							
申报声明	此纳税申报表是根据国家税收法律的规定填报的，我确信它是真实的、可靠的、完整的。 声明人： （法定代表人签字或盖章）（公章）					代理人（签章）				联系电话			
						以下由税务机关填写							
						受理日期				受理人			

4.2 其他代扣代缴、代收代缴申报

4.2.1 事项概述

扣缴义务人除依法办理扣缴企业所得税申报、扣缴个人所得税申报、代收代缴车船税申报、代扣代缴文化事业建设费申报、代扣代缴证券交易印花税申报外，还应就其他代扣代缴、代收代缴义务按照税收法律法规及相关规定，向税务机关申报入库相关应纳税款。

4.2.2 报送资料

其他代扣代缴、代收代缴义务人办理纳税申报需要报送的资料见表4–3。

表 4–3　　其他代扣代缴、代收代缴申报报送资料

序号	报送资料	数量	备注
1	《代扣代缴、代收代缴税款报告表》	2 份	
适用情形	**条件报送资料**	**数量**	**备注**
扣缴义务人在扣缴税款时已向被扣缴义务人开具税票	《中华人民共和国税收缴款书（代扣代收专用）》第二联	1 份	
扣缴义务人汇总缴库开具税票	《中华人民共和国税收缴款书（银行经收专用）》第一联	1 份	

温馨提示

纳税人发生以下情形的应当履行代扣代缴、代收代缴义务：

（1）中华人民共和国境外的单位或个人在境内销售应税产品、提供应税劳务，在境内未设有经营机构的，其境内代理人为应纳税款的扣

缴义务人，没有代理人的，购买者为应纳税款的扣缴义务人。境内的代理人和接受方为境外单位和个人扣缴增值税的，按照增值税适用税率扣缴增值税。

（2）单位或者个人进行演出由他人售票的，售票者是演出业务应纳税款的扣缴义务人。

（3）个人转让无形资产（除土地使用权）的，受让者是转让无形资产应纳税款的扣缴义务人。

（4）委托加工的应税消费品，受托方是委托加工行为应纳消费税的扣缴义务人（受托方为个人的除外）。

（5）增值税、消费税的代扣代缴、代收代缴义务人同时也是城市维护建设税、教育费附加和地方教育附加的代扣代缴、代收代缴义务人。

（6）扣缴义务人代扣代缴、代收代缴税款后，纳税人需要换开正式完税证明的，可以向税务机关申请开具。

【案例 4-2】

A 化妆品公司为增值税小规模纳税人，2022 年 3 月，发生以下受托加工业务：受 B 公司委托加工一批高档化妆品，委托方提供原材料成本 30000 元，A 公司收取加工费 10000 元、代垫辅助材料款 5000 元，A 公司没有同类高档化妆品销售价格。A 公司如何办理代收代缴申报？（以上款项均不含增值税，高档化妆品的消费税税率为 15%，A 公司所在地城市维护建设税税率 7%，教育费附加、地方教育附加征收率分别为 3%、2%。A 公司所在地增值税小规模纳税人“六税两费”减征幅度为 50%。）

解析：

根据《中华人民共和国消费税暂行条例》第十三条的规定，委托加工的应税消费品，除受托方为个人外，由受托方向机构所在地或者居住地的主管税务机关解缴消费税税款。根据《中华人民共和国消费税暂行条例》第八条的规定，委托加工的应税消费品，按照受托方的同类消费品的销售价格计算纳税；没有同类消费品销售价格的，按照组成计税价格计算纳税。委托加工应税消费品，受托方在代收代缴消费税的同时，也要代收代缴城市维护建设税、教育费附加和地方教育附加。以受托方代收的消费税为计税依据，按照受托方所在地确定城市维护建设税的适用税率。根据《财政部　税务总局关于进一步实施小微企业“六税两费”减免政策的公告》（财政部　税务总局公告2022年第10号）第一条的规定，由省、自治区、直辖市人民政府根据本地区实际情况，以及宏观调控需要确定，对增值税小规模纳税人、小型微利企业和个体工商户可以在50%的税额幅度内减征资源税、城市维护建设税、房产税、城镇土地使用税、印花税（不含证券交易印花税）、耕地占用税和教育费附加、地方教育附加。A公司可按其所在地省人民政府规定的减征幅度缴纳城市维护建设税、教育费附加、地方教育附加。

A公司代收代缴消费税计算过程如下：

组成计税价格 =（材料成本 + 加工费）÷（1 – 消费税税率）

应纳消费税 = 组成计税价格 × 消费税税率

A公司应代收代缴消费税 =（30000 + 10000 + 5000）÷（1 – 15%）× 15% = 7941.18（元）

应代收代缴城市维护建设税 = 7941.18 × 7% × 50% = 277.94（元）

应代收代缴教育费附加 = 7941.18 × 3% × 50% = 119.12（元）

应代收代缴地方教育附加 = 7941.18 × 2% × 50% = 79.41（元）

《代扣代缴、代收代缴税款报告表》填写示例见表4–4。

表 4-4

《代扣代缴、代收代缴税款报告表》填写示例

代扣代缴、代收代缴税款报告表

扣缴义务人识别号 □□□□□□□□□□□□□□□□□□□□

扣缴义务人名称：A 化妆品公司（公章）　　填表日期：　年　月　日　　金额单位：元

纳税人名称	纳税人识别号	税种	税目	税款所属期	计税依据		税率或单位税额	应扣缴税款	实扣缴税款	实解缴税款	扣税凭证字号
				年　月至 年　月	课税数量	计税收入（所得）					
B 公司	XXXXXXXXXXXXXXXXXX	消费税	高档化妆品	2022 年 3 月— 2022 年 3 月	1	45000.00	15%	7941.18	7941.18	7941.18	
B 公司	XXXXXXXXXXXXXXXXXX	城市维护建设税	消费税附征（市区）	2022 年 3 月— 2022 年 3 月	1	7941.18	7%	277.94	277.94	277.94	
B 公司	XXXXXXXXXXXXXXXXXX	教育费附加	消费税附征	2022 年 3 月— 2022 年 3 月	1	7941.18	3%	119.12	119.12	119.12	
B 公司	XXXXXXXXXXXXXXXXXX	地方教育附加	消费税附征	2022 年 3 月— 2022 年 3 月	1	7941.18	2%	79.41	79.41	79.41	
合　计									8417.65	8417.65	
扣缴义务人声明： 此扣缴报告表是根据国家税收法律、法规的规定填报的，我确定它是真实的、可靠的、完整的。				经办人（签章）		会计主管（签章）			扣缴单位（或法定代表人）（签章）		

4.3 延期申报

4.3.1 事项概述

纳税人、扣缴义务人按照规定的期限办理纳税申报或者报送代扣代缴、代收代缴税款报告表确有困难，需要延期的，应当向税务机关提出书面延期申请，经税务机关核准，在核准的期限内办理申报。

纳税人、扣缴义务人因不可抗力，不能按期办理纳税申报或者报送代扣代缴、代收代缴税款报告表的，应当在不可抗力情形消除后立即向税务机关报告；因其他原因，按照规定的期限办理纳税申报或者报送代扣代缴、代收代缴税款报告表确有困难，需要延期的，应当在申报期限内提出延期申请。

4.3.2 报送资料

办理延期申报需要报送的资料见表 4–5。

表 4–5　　延期申报报送资料

<table>
<tr><th>序号</th><th colspan="2">报送资料</th><th>数量</th><th>备注</th></tr>
<tr><td>1</td><td colspan="2">《税务行政许可申请表》</td><td>1 份</td><td></td></tr>
<tr><td>2</td><td colspan="2">经办人身份证件原件</td><td>1 份</td><td>查验后退回</td></tr>
<tr><th colspan="2">适用情形</th><th>条件报送资料</th><th>数量</th><th>备注</th></tr>
<tr><td colspan="2" rowspan="2">委托代理人提出申请</td><td>代理委托书</td><td rowspan="2">1 份</td><td></td></tr>
<tr><td>代理人身份证件原件</td><td>查验后退回</td></tr>
</table>

4.3.3 办理结果

（1）若税务机关受理后作出准予税务行政许可决定，税务机关反馈《准予税务行政许可决定书》。

（2）若税务机关受理后作出不予税务行政许可决定，税务机关反馈《不予税务行政许可决定书》。

温馨提示

（1）按照规定的期限办理纳税申报或者报送代扣代缴、代收代缴税款报告表确有困难，是指因财务处理上的特殊原因，账务未处理完毕，不能计算应纳税额所导致的不能按时申报；不可抗力，是指人们无法预见、无法避免、无法克服的客观情况，如水灾、火灾、风灾、地震等。

（2）纳税人、扣缴义务人应当在纳税申报期限届满前提出申请。经核准延期办理规定的申报、报送事项的，应当在纳税期内按照上期实际缴纳的税额或者税务机关核定的税额预缴税款，并在核准的延期内办理税款结算。预缴税额大于实际应纳税额的，税务机关结算退税但不向纳税人计退利息，预缴税额小于应纳税额的，在结算补税时不加收滞纳金。

（3）纳税人、扣缴义务人经核准延期办理纳税申报的，其随本期申报的财务会计报表报送期限可以顺延。

（4）税务机关受理后 10 个工作日内作出行政许可决定。10 个工作日内不能作出决定的，经本税务机关负责人批准，可以延长 5 个工作日。

（5）税务机关作出准予税务行政许可决定之日起 7 日内，在办税服务厅或者其他办公场所以及税务机关门户网站上公开税务行政许可决定。

【案例 4-3】

2022年3月4日，某市A纺织厂因工厂办公区发生火灾，财务账簿、计算机等被烧毁，无法计算当期应纳税额。A纺织厂应如何申请延期申报？

解析：

企业办税人员可通过电子税务局或到办税服务厅提交相关资料。税务机关在规定时限内作出准予延期申报或不予延期申报税务行政许可的决定。

《税务行政许可申请表》填写示例见表4-6。

表4-6　《税务行政许可申请表》填写示例

税务行政许可申请表

申请日期：2022年××月××日

<table>
<tr><td rowspan="5">申请人</td><td colspan="2">申请人名称</td><td colspan="4">某市A纺织厂</td></tr>
<tr><td colspan="2">统一社会信用代码（纳税人识别号）</td><td colspan="4">××××××××××××××××××</td></tr>
<tr><td colspan="2">地址及邮政编码</td><td colspan="4">××××××</td></tr>
<tr><td>经办人</td><td>×××</td><td>身份证件号码</td><td>××××××××××
××××××××</td><td>联系电话</td><td>××××××
×××××</td></tr>
<tr><td>委托代理人</td><td></td><td>身份证件号码</td><td></td><td>联系电话</td><td></td></tr>
<tr><td>申请事项</td><td colspan="6">□ 企业印制发票审批
□ 对纳税人延期缴纳税款的核准
☑ 对纳税人延期申报的核准
□ 对纳税人变更纳税定额的核准
□ 增值税专用发票（增值税税控系统）最高开票限额审批
□ 对采取实际利润额预缴以外的其他企业所得税预缴方式的核定</td></tr>
</table>

续表

<table>
<tr><td rowspan="7">申请材料</td><td colspan="5">三、对纳税人延期申报的核准</td></tr>
<tr><td rowspan="5">申请延期申报情况</td><td>税种</td><td>税款所属时期</td><td>规定申报期限</td><td>申请延期申报的期限</td></tr>
<tr><td>增值税</td><td>2022-2</td><td>2022-3-15</td><td>2022-4-15</td></tr>
<tr><td>城市维护建设税</td><td>2022-2</td><td>2022-3-15</td><td>2022-4-15</td></tr>
<tr><td>教育费附加</td><td>2022-2</td><td>2022-3-15</td><td>2022-4-15</td></tr>
<tr><td>地方教育附加</td><td>2022-2</td><td>2022-3-15</td><td>2022-4-15</td></tr>
<tr><td>申请理由（可另附页）</td><td colspan="4">火灾导致财务资料损毁，生产经营受到严重影响。</td></tr>
</table>

4.4 延期缴纳税款

4.4.1 事项概述

纳税人因有下列情形，不能按期缴纳税款的，应当在缴纳税款期限届满前提出申请，经省税务机关批准，可以延期缴纳税款，但是最长不得超过 3 个月：

（1）因不可抗力，导致纳税人发生较大损失，正常生产经营活动受到较大影响的；

（2）当期货币资金在扣除应付职工工资、社会保险后，不足以缴纳税款的。

4.4.2 报送资料

办理延期缴纳税款申请需要报送的资料见表 4–7。

表 4–7　　　　延期缴纳税款报送资料

<table>
<tr><th>序号</th><th colspan="2">报送资料</th><th>数量</th><th>备注</th></tr>
<tr><td>1</td><td colspan="2">《税务行政许可申请表》</td><td>1 份</td><td></td></tr>
<tr><td>2</td><td colspan="2">经办人身份证件原件</td><td>1 份</td><td>查验后退回</td></tr>
<tr><td>3</td><td colspan="2">所有银行存款账户的对账单复印件</td><td>1 份</td><td></td></tr>
<tr><th colspan="2">适用情形</th><th>条件报送资料</th><th>数量</th><th>备注</th></tr>
<tr><td colspan="2" rowspan="2">委托代理人提出申请</td><td>代理委托书</td><td rowspan="2">1 份</td><td></td></tr>
<tr><td>代理人身份证件原件</td><td>查验后退回</td></tr>
</table>

4.4.3 办理结果

（1）若税务机关受理后作出准予税务行政许可决定，税务机关反馈《准予税务行政许可决定书》。

（2）若税务机关受理后作出不予税务行政许可决定，税务机关反馈《不予税务行政许可决定书》。

温馨提示

（1）纳税人办理延期缴纳税款除可通过办税服务厅（场所）、电子税务局外，还可直接向省税务机关行政许可受理专窗提交申请。

（2）“不可抗力”是指人们无法预见、无法避免、无法克服的客观情况，如水灾、火灾、风灾、地震等。

（3）“当期货币资金余额”是指纳税人申请延期缴纳税款之日的资金余额，其中，不含国家法律和行政法规明确规定企业不可动用的资金；“当期应付职工工资支出预算”是指当期应付工资计提数，“当期社会保险费支出预算”是指当期应缴社会保险费计提数。

（4）纳税人需要延期缴纳税款的，应当在缴纳税款期限届满前提出申请。税务机关作出不予行政许可决定的，从缴纳税款期限届满之日起加收滞纳金。

（5）税务机关受理后 20 个工作日内作出行政许可决定。作出准予税务行政许可决定之日起 7 日内，在办税服务厅或者其他办公场所以及税务机关门户网站上公开税务行政许可决定。

【案例 4-4】

A 公司近期经营效益不佳，回收货款困难导致其资金周转困难，2021 年 4 月，增值税应纳税款 580000 元，当期计提应发职工工资 360000 元，当期社会保险费支出预算 150000 元。因资金周转困难，已计提的应发工资尚未发放，社会保险费尚未缴纳。2021 年 5 月 16 日，A 公司完成纳税申报，其“库存现金”“银行存款”“外埠存款”和“其他货币资金”总账科目在 2021 年 5 月 16 日余额显示 220000 元。A 公司拟申请 2021 年 4 月增值税延期缴纳税款，该如何办理？

解析：

A 公司可于 2021 年 5 月 16 日完成纳税申报后，由公司办税人员持身份证原件向税务机关提出延期缴纳税款的申请，填报《税务行政许可申请表》，报送 2021 年 5 月 16 日加盖开户银行业务章的所有银行存款账户的余额对账单。

A 公司应付职工工资和社会保险费 510000 元，2021 年 5 月 16 日货币资金余额 220000 元，在扣除应付职工工资、社会保险费后，不足以缴纳 2021 年 4 月增值税税款 580000 元，符合《中华人民共和国税收征收管理法》规定的特殊困难，可以申报延期缴纳税款，但最长不得超过 3 个月。

《税务行政许可申请表》填写示例见表 4-8。

表 4-8　《税务行政许可申请表》填写示例

税务行政许可申请表

申请日期：2021 年 ×× 月 ×× 日　　金额单位：元

<table>
<tr><td rowspan="5">申请人</td><td colspan="2">申请人名称</td><td colspan="4">某市 A 公司</td></tr>
<tr><td colspan="2">统一社会信用代码（纳税人识别号）</td><td colspan="4">××××××××××××××××××</td></tr>
<tr><td colspan="2">地址及邮政编码</td><td colspan="4">××××××</td></tr>
<tr><td>经办人</td><td>×××</td><td>身份证件号码</td><td>××××××××××××××××××</td><td>联系电话</td><td>×××××××××××</td></tr>
<tr><td>委托代理人</td><td></td><td>身份证件号码</td><td></td><td>联系电话</td><td></td></tr>
</table>

续表

<table>
<tr><td>申请事项</td><td colspan="6">□ 企业印制发票审批
☑ 对纳税人延期缴纳税款的核准
□ 对纳税人延期申报的核准
□ 对纳税人变更纳税定额的核准
□ 增值税专用发票（增值税税控系统）最高开票限额审批
□ 对采取实际利润额预缴以外的其他企业所得税预缴方式的核定</td></tr>
<tr><td rowspan="8">申请材料</td><td colspan="6">二、对纳税人延期缴纳税款的核准</td></tr>
<tr><td rowspan="3">申请延期缴纳税款情况</td><td>税种</td><td>税款所属时期</td><td>应纳税额</td><td>申请延期缴纳税额</td><td>申请延期缴纳期限</td></tr>
<tr><td>增值税</td><td>2021-04</td><td>580000.00</td><td>580000.00</td><td>2021-6-15</td></tr>
<tr><td></td><td></td><td></td><td></td><td></td></tr>
<tr><td>当期货币资金余额</td><td colspan="5">人民币（大写）贰拾贰万元整　¥220000.00</td></tr>
<tr><td>当期应付职工工资支出预算</td><td colspan="2">360000.00</td><td colspan="2">当期社会保险费支出预算</td><td>150000.00</td></tr>
<tr><td>人员工资支出情况</td><td colspan="2">0</td><td colspan="2">社会保险费支出情况</td><td>0</td></tr>
<tr><td>申请理由（可另附页）</td><td colspan="5">经营困难，当期货币资金在扣除应付职工工资、社会保险费后，不足以缴纳税款</td></tr>
<tr><td></td><td>申请人承诺</td><td colspan="5">以上申请内容属实</td></tr>
</table>

4.5 申报错误更正

4.5.1 事项概述

纳税人、缴费人、扣缴义务人办理纳税申报后，发现申报表存在错误，需要修改更正或作废，应当向税务机关申请办理申报错误更正。申报错误更正时（除个人所得税）只能全量更正或者申报作废，不允许差额更正或补充申报。

4.5.2 报送资料

如符合特定情况，办理申报错误更正需要报送的资料见表 4–9。

表 4–9　　申报错误更正报送资料

序号	报送资料	数量	备注
1	更正后的相关税（费）种纳税申报表	2 份	
适用情形	**条件报送资料**	**数量**	**备注**
对申报表数据进行作废	《申报表作废申请单》	1 份	

温馨提示

（1）作废申报表只能在对应申报当期的申报期限之内，且未开具完税凭证或划缴税款的情况下进行，否则不能作废申报表，只能对已申报的申报表进行更正处理。

（2）个人所得税申报表允许增量更正和部分更正：

① 如纳税人已完成年度申报，不允许更正预缴申报。

② 年度综合所得申报中有上年度的结转时，如更正上年度的综合所

得年度申报，应提醒纳税人一并更正本年年度综合所得申报。

③ 同一扣缴义务人连续性综合所得已有下期预缴申报的，可采用部分、增量更正方式进行更正。更正时需采集扣缴义务人更正申报的原因等信息，如年中更正预缴的，也需连带更正后期的预缴申报，并作相应更正的提示信息。对未进行后期更正的，不允许进行正常预缴申报。对更正涉及的纳税人，在更正完成后通知相应的纳税人更正的情况。

④ 限售股已进行清算时，不能更正该纳税人的限售股的扣缴申报。

（3）申报错误更正后，如涉及补缴税款的，按规定加收滞纳金。

4.6 申请变更纳税定额

4.6.1 事项概述

纳税人对税务机关核定的应纳税额有异议的，应当提供相关证据，经税务机关认定后，调整应纳税额。

4.6.2 报送资料

申请变更纳税定额需要报送的资料见表4–10。

表 4–10　　申请变更纳税定额报送资料

序号	报送资料	数量	备注
1	《税务行政许可申请表》	1份	
2	经办人身份证件原件	1份	查验后退回
3	申请变更纳税定额的相关证明材料	1份	
适用情形	**条件报送资料**	**数量**	**备注**
委托代理人办理	代理委托书	1份	
	代理人身份证件原件	1份	查验后退回

4.6.3 办理结果

（1）若税务机关受理后作出准予税务行政许可决定，税务机关反馈《准予税务行政许可决定书》。

（2）若税务机关受理后作出不予税务行政许可决定，税务机关反馈《不予税务行政许可决定书》。

温馨提示

税务机关受理后 15 个工作日内作出行政许可决定。15 个工作日内不能作出决定的，经本税务机关负责人批准，可以延长 5 个工作日。税务机关作出准予税务行政许可决定之日起 7 日内，在办税服务厅或者其他办公场所以及税务机关门户网站上公开税务行政许可决定。

【案例 4-5】

A 批发店是 2021 年 1 月新开业的个体工商户，在某市一新区街道批发零售日用品。主管税务机关参照当地同类行业的税负水平为其核定的月应纳税额为 8 万元，并下达了《税务事项通知书》。A 批发店认为批发店所处地段为新区，周边配套设施不完善，客流量较少，无法负担每月 8 万元的纳税定额。A 批发店应如何申请变更纳税定额?

解析：

A 批发店对税务机关核定的应纳税额有异议的，可以申请变更纳税定额。A 批发店可以到办税服务厅填写《税务行政许可申请表》，提供相关证据，经税务机关认定后，调整其纳税定额。

4.7 申请采取实际利润额预缴以外的其他企业所得税预缴方式

4.7.1 事项概述

企业所得税纳税人应按照月度或者季度的实际利润额预缴企业所得税。按照月度或者季度的实际利润额预缴有困难的，可以按照上一纳税年度应纳税所得额的月度或者季度平均额预缴，或者按照经税务机关认可的其他方法预缴。

4.7.2 报送资料

申请采取实际利润额预缴以外的其他方式预缴企业所得税的纳税人需要报送的资料见表 4-11。

表 4-11 申请采取实际利润额预缴以外的其他企业所得税预缴方式报送资料

序号	报送资料	数量	备注
1	《税务行政许可申请表》	1 份	
2	经办人身份证件原件	1 份	查验后退回
3	纳税人确有困难不能按照月度或者季度的实际利润额预缴企业所得税的情况证明	1 份	
适用情形	**条件报送资料**	**数量**	**备注**
委托代理人办理	代理委托书	1 份	
	代理人身份证件原件	1 份	查验后退回

4.7.3 办理结果

（1）若税务机关受理后作出准予税务行政许可决定，税务机关反馈《准予税务行政许可决定书》。

（2）若税务机关受理后作出不予税务行政许可决定，税务机关反馈《不予税务行政许可决定书》。

温馨提示

（1）纳税人的预缴方法一经确定，该纳税年度内不得随意变更。

（2）税务机关自受理行政许可申请之日起 10 个工作日内作出行政许可决定；10 个工作日内不能作出决定的，经本税务机关负责人批准，可以延长 5 个工作日。

4.8 退（抵）税办理

4.8.1 误收多缴退抵税

4.8.1.1 事项概述

纳税人自结算缴纳税款之日起 3 年内发现多缴税款的，可以向税务机关要求退还多缴的税款并加算银行同期存款利息。税务机关发现纳税人超过应纳税额多缴的税款，应该依照税收法律法规及相关规定办理退还手续。

对于“税务处理决定书多缴税费”“行政复议决定书多缴税费”“法院判决书多缴税费”等多缴税款，应该依照税收法律法规及相关规定办理退税手续。

4.8.1.2 报送资料

办理误收多缴退抵税需要报送的资料见表 4–12。

表 4–12　误收多缴退抵税报送资料

序号	报送资料	数量	备注
1	《退（抵）税申请表》	4 份	
适用情形	**条件报送资料**	**数量**	**备注**
由于特殊情况不能退至纳税人、扣缴义务人原缴款账户	由于特殊情况不能退至纳税人、扣缴义务人原缴款账户的书面说明，相关证明资料和指定接受退税的其他账户及接受退税单位（人）名称的资料	1 份	
其他税务机关无法获取相关记载应退税款内容的资料或完税证明	纳税人完税费（缴款）凭证复印件、税务机关认可的其他记载应退税款内容的资料	1 份	

4.8.1.3　办理结果

纳税人获取税务机关出具的《税务事项通知书》。

温馨提示

（1）退税利息按照税务机关办理退税手续当天中国人民银行规定的活期存款利率计算。

（2）纳税人超过应纳税额缴纳的税款，税务机关发现后应当立即退还。

（3）除出口退税以外，纳税人既有应退税款又有欠缴税款的，税务机关可以将纳税人的应退税款和利息先抵扣欠缴的税款；抵扣后有余额的，纳税人可以申请办理应退余额的退库。

（4）多缴税费证明资料主要包括：减免税审批文书、纳税申报表、税务稽查结论、税务处理决定书、纳税评估文书、税务行政复议决定书、生效的法院判决书、增值税红字发票、税务机关认可的其他记载应退税款内容的资料。

（5）多贴印花税票的，不得申请退税或者抵用。

【案例 4-6】

A 公司是增值税一般纳税人，主营文化体育用品批发零售。随着全民健身意识的加强，A 公司业绩稳步攀升。法人代表王先生因忙于市场拓展，对 A 公司的财务状况关注较少，年终时他发现当年 4 月的已缴税额是其他月份的 10 倍。经过核查，发现是会计人员粗心，在填写申报表时弄错了小数点，将 4 月应纳税额 1000 元错报为 10000 元。王先生应该如何申请退还多缴的税款？

解析：

根据《中华人民共和国税收征收管理法》第五十一条的规定，纳税人超过应纳税额缴纳的税款，税务机关发现后应当立即退还；纳税人自结算缴纳税款之日起 3 年内发现的，可以向税务机关要求退还多缴的税款并加算银行同期存款利息，税务机关及时查实后应当立即退还；涉及从国库中退库的，依照法律、行政法规有关国库管理的规定退还。该公司可以按规定向税务机关申请退税，申请退税需提供《退（抵）税申请表》4 份。

《退（抵）税申请表》填写示例见表 4-13。

表 4-13　　《退（抵）税申请表》填写示例

退（抵）税申请表

金额单位：元

<table>
<tr><td colspan="2">申请人名称</td><td colspan="2">A 公司</td><td>纳税人☑</td><td>扣缴义务人☐</td></tr>
<tr><td colspan="2">纳税人名称</td><td colspan="2">A 公司</td><td>统一社会信用代码
（纳税人识别号）</td><td></td></tr>
<tr><td colspan="2">联系人</td><td colspan="2">王 ×</td><td>联系电话</td><td></td></tr>
<tr><td colspan="2">申请退税类型</td><td colspan="2">汇算结算退税 ☐
误收退税 ☑
留抵退税 ☐</td><td>纳税信用等级</td><td></td></tr>
<tr><td colspan="6">一、汇算结算、误收税款退税</td></tr>
<tr><td rowspan="7">原完税情况</td><td>税种</td><td>品目名称</td><td>税款所属时期</td><td>税票号码</td><td>实缴金额</td></tr>
<tr><td>×× 税</td><td></td><td>20××.4.1—
20××.4.30</td><td></td><td>10000</td></tr>
<tr><td></td><td></td><td></td><td></td><td></td></tr>
<tr><td></td><td></td><td></td><td></td><td></td></tr>
<tr><td></td><td></td><td></td><td></td><td></td></tr>
<tr><td></td><td></td><td></td><td></td><td></td></tr>
<tr><td>合计（小写）</td><td></td><td></td><td></td><td>10000</td></tr>
<tr><td colspan="2">申请退税金额（小写）</td><td colspan="4">9000</td></tr>
</table>

4.8.2 入库减免退抵税

4.8.2.1 事项概述

纳税人符合政策规定可以享受减免的税款，如已经缴纳入库，可以申请退（抵）已缴纳的税款。

以下情形也属于入库减免退抵税：

（1）增值税小规模纳税人月销售额不超过15万元（按季纳税45万元）的，当期因代开增值税专用发票已经缴纳的税款，在专用发票全部联次追回或者按规定开具红字专用发票后，可以向主管税务机关申请退还；

（2）增值税即征即退，按税法规定缴纳的税款，由税务机关征收入库后，再由税务机关按规定的程序给予部分或全部退还已纳税款；

（3）非居民纳税人可享受但未享受协定待遇，可以申请退还多缴税款；

（4）其他减免税政策发布时间滞后于执行时间已入库税款的退税，也属于减免退税。

4.8.2.2 报送资料

办理入库减免退抵税需要报送的资料见表4–14。

表4–14　　入库减免退抵税报送资料

序号	报送资料	数量	备注
1	《退（抵）税申请审批表》	4份	
适用情形	**条件报送资料**	**数量**	**备注**
其他税务机关无法获取相关记载应退税款内容的资料或完税证明	纳税人完税费（缴款）凭证复印件、税务机关认可的其他记载应退税款内容的资料	1份	
追补享受递延纳税待遇退抵税的纳税人，境外投资方委托他人代办相关事宜	书面委托资料	1份	
学校、幼儿园、社会福利机构、医疗机构占用耕地征耕地占用税办理退抵税	使用耕地用途符合免税规定的证明材料复印件	1份	建设用地人提供

续表

<table>
<tr><th>适用情形</th><th colspan="2">条件报送资料</th><th>数量</th><th>备注</th></tr>
<tr><td>因特殊情况不能退至纳税人、扣缴义务人原缴款账户</td><td colspan="2">由于特殊情况不能退至纳税人、扣缴义务人原缴款账户的书面说明，证明资料和指定接受退税的其他账户及接受退税单位（人）名称的资料</td><td>1份</td><td></td></tr>
<tr><td>其他税务机关无法获取相关记载应退税款内容的资料或完税证明</td><td colspan="2">纳税人完税费（缴款）凭证复印件、税务机关认可的其他记载应退税款内容的资料</td><td>1份</td><td></td></tr>
<tr><td rowspan="4">安置残疾人就业增值税即征即退优惠</td><td rowspan="3">首次申请增值税退税时报送</td><td>安置精神残疾人的，提供精神残疾人同意就业的书面声明以及其法定监护人签字或印章的证明精神残疾人具有劳动条件和劳动意愿的书面材料</td><td>1份</td><td></td></tr>
<tr><td>《中华人民共和国残疾人证》或《中华人民共和国残疾军人证（1至8级）》复印件，注明与原件一致，并逐页加盖公章</td><td>1份</td><td></td></tr>
<tr><td>安置的残疾人的身份证件复印件</td><td>1份</td><td></td></tr>
<tr><td>每次办理退税时</td><td>当期由银行等金融机构或纳税人加盖公章的按月为残疾人支付工资的清单</td><td>1份</td><td></td></tr>
<tr><td>软件产品增值税即征即退优惠</td><td>首次申请增值税退税时</td><td>取得软件产业主管部门颁发的《软件产品登记证书》或著作权行政管理部门颁发的《计算机软件著作权登记证书》</td><td>1份</td><td></td></tr>
<tr><td>新型墙体材料增值税即征即退优惠</td><td>首次申请增值税退税时</td><td>不属于国家发展和改革委员会《产业结构调整指导目录》中的禁止类、限制类项目和生态环境部《环境保护综合名录》中的“高污染、高环境风险”产品或者重污染工艺的声明材料</td><td>1份</td><td></td></tr>
</table>

续表

适用情形	条件报送资料		数量	备注
资源综合利用产品及劳务增值税即征即退优惠	首次申请增值税退税时	综合利用的资源，属于生态环境部《国家危险废物名录》列明的危险废物的，提供省级及以上环境保护部门颁发的《危险废物经营许可证》原件及复印件	1份	原件查验后退回
		不属于国家发展改革委《产业结构调整指导目录》中的禁止类、限制类项目和生态环境部《环境保护综合名录》中的“高污染、高环境风险”产品或者重污染工艺，以及符合《资源综合利用产品和劳务增值税优惠目录》规定的技术标准和相关条件的书面声明材料	1份	
有形动产融资租赁服务增值税即征即退优惠	首次申请增值税退税时	有形动产融资租赁服务业务合同复印件	1份	
动漫企业增值税即征即退优惠	首次申请增值税退税时	软件产业主管部门颁发的《软件产品登记证书》或著作权行政管理部门颁发的《计算机软件著作权登记证书》	1份	
管道运输服务增值税即征即退优惠	首次申请增值税退税时	管道运输服务业务合同复印件	1份	
铂金增值税即征即退优惠	首次申请增值税退税时	国内生产企业自产自销铂金的证明材料原件及复印件	1份	原件查验后退回
		上海黄金交易所开具的《上海黄金交易所发票》结算联	1份	查验后退回

4.8.2.3 办理结果

纳税人符合入库减免退抵税条件的，反馈《税务事项通知书》。

温馨提示

（1）纳税人申请退抵税（费）金额不能大于纳税人已入库税（费）金额。

（2）增值税一般纳税人按规定享受增值税即征即退政策的货物、劳务和服务、不动产、无形资产的，在申报时须将此部分填写在《增值税及附加税费申报表（一般纳税人适用）》及附表《增值税及附加税费申报表附列资料（一）》的“增值税即征即退项目”征（退）税数据。

（3）除出口退税以外，纳税人既有应退税款又有欠缴税款的，税务机关可以将纳税人的应退税款和利息先抵扣欠缴的税款；抵扣后有余额的，可以办理应退余额的退库。

（4）税务机关发现的，10 日内办结；纳税人自行发现的，30 日内办结；其中增值税即征即退退抵税，15 个工作日内办结。

【案例 4-7】

A 公司是按月申报的增值税小规模纳税人。2021 年 4 月 5 日，A 公司向 B 公司销售一批皮具，价值 12 万元。因长期合作关系，A 公司未收到货款、未发出货物便到税务机关代开了增值税专用发票。2021 年 4 月 10 日，B 公司因品牌调整，临时毁约，拒绝购买该批皮具，并向 A 公司退回增值税专用发票全部联次。假设 A 公司 4 月销售额不超过 15 万元，应如何就该笔业务申请退税？

解析：

增值税小规模纳税人月销售额不超过 15 万元（按季纳税 45 万元）

的，当期因代开增值税专用发票已经缴纳的税款，在增值税专用发票全部联次追回或者按规定开具红字专用发票后，可以向主管税务机关申请退还；A公司可以按规定向主管税务机关申请退税。

4.8.3 汇算清缴结算多缴退抵税

4.8.3.1 事项概述

实行分期预缴、按期汇算结算的纳税人，在清算过程中形成的多缴税款，可以向税务机关申请办理退抵税费。

以下业务也属于汇算清缴结算多缴退抵税：

（1）土地增值税清算原因导致多缴企业所得税的退税；

（2）对房产税、城镇土地使用税税源信息修改，以及增值税、消费税申报税款小于预缴税款，导致发生多缴税款；

（3）纳税人在批准临时占用耕地的期限内恢复所占耕地原状的，全额退还已缴纳的耕地占用税。

4.8.3.2 报送资料

汇算清缴结算多缴退抵税需要报送的资料见表4–15。

表4–15　　汇算清缴结算多缴退抵税报送资料

序号	报送资料	数量	备注
1	《退（抵）税申请表》	4份	
适用情形	**条件报送资料**	**数量**	**备注**
土地增值税清算原因导致多缴企业所得税的退税	房地产企业是否存在后续开发项目的说明	1份	
土地增值税清算原因导致多缴企业所得税的退税	房地产项目缴纳的土地增值税总额、项目销售收入总额、项目年度销售收入额、各年度应分摊的土地增值税和已经税前扣除的土地增值税、各年度的适用税率的书面说明	1份	

续表

适用情形	条件报送资料	数量	备注
纳税人在批准临时占用耕地期限内恢复所占耕地原状的耕地占用税退税	复垦验收合格确认书复印件	1份	
因特殊情况不能退至纳税人、扣缴义务人原缴款账户	由于特殊情况不能退至纳税人、扣缴义务人原缴款账户的书面说明，相关证明资料和指定接受退税的其他账户及接受退税单位（人）名称的资料	1份	
其他税务机关无法获取相关记载应退税款内容的资料或完税证明	纳税人完税费（缴款）凭证复印件、税务机关认可的其他记载应退税款内容的资料	1份	

4.8.3.3 办理结果

纳税人获取税务机关反馈的《税务事项通知书》。

温馨提示

（1）纳税人缴纳契税后发生下列情形，可依照有关法律法规向税务机关申请退还已缴纳契税的，提供纳税人身份证件，完税凭证复印件，并根据不同情形提交相关资料：

① 在依法办理土地、房屋权属登记前，权属转移合同或合同性质凭证不生效、无效、被撤销或者被解除的，提交合同或合同性质凭证不生效、无效、被撤销或者被解除的证明材料；

② 因人民法院判决或者仲裁委员会裁决导致土地、房屋权属转移行为无效、被撤销或者被解除，且土地、房屋权属变更至原权利人的；

③ 在出让土地使用权交付时，因容积率调整或实际交付面积小于合同约定面积需退还土地出让价款的；

④ 在新建商品房交付时，因实际交付面积小于合同约定面积需返还房价款的。

（2）独立核算的发、供电企业结算缴纳增值税多缴不退，结转下期抵扣或抵减下期应纳税额。

（3）除出口退税以外，纳税人既有应退税款又有欠缴税款的，税务机关可以将纳税人的应退税款和利息先抵扣欠缴的税款；抵扣后有余额的，纳税人可以申请办理应退余额的退库。

【案例 4-8】

A 公司法人代表李先生发现，公司办理 2021 年度企业所得税年度汇算清缴后，全年应纳税额较季度已预缴税额少 3.5 万元，符合退税条件。A 公司应当如何申请退税？

解析：

A 公司依法预缴税款形成的结算退税可以向税务机关申请办理退抵税费，需提交《退（抵）税申请表》4 份。

《退（抵）税申请表》填写示例见表 4-16。

表 4-16　《退（抵）税申请表》填写示例

退（抵）税申请表

金额单位：元

申请人名称	A 公司	纳税人☑	扣缴义务人☐
纳税人名称	A 公司	统一社会信用代码（纳税人识别号）	
联系人	李 ××	联系电话	
申请退税类型	汇算结算退税 ☑ 误收退税 ☐ 留抵退税 ☐	纳税信用等级	

续表

一、汇算结算、误收税款退税					
原完税情况	税种	品目名称	税款所属时期	税票号码	实缴金额
	企业所得税		2021 年 1 月 1 日—2021 年 12 月 31 日		35000
	合计（小写）				35000
申请退税金额（小写）		35000			

4.8.4 增值税期末留抵税额退税

4.8.4.1 事项概述

增值税留抵税额是增值税一般纳税人在生产经营过程中，进项税额大于销项税额形成的未能抵扣的增值税税额。增值税留抵税额可在未来实现销售时予以抵减，符合条件的纳税人，可以向主管税务机关申请退还留抵税额。

符合条件的增值税一般纳税人由于特定事项产生的留抵税额，按照一定的计算公式予以计算退还，相关规定如下。

（1）符合条件的集成电路重大项目可申请增值税留抵税额退税。

（2）对外购用于生产乙烯、芳烃类化工产品的石脑油、燃料油价格中消费税部分对应的增值税税额可申请退税。

（3）符合条件的大型客机和新支线飞机可申请增值税留抵税额退税。

（4）自 2018 年 7 月 27 日起，对实行增值税期末留抵退税的纳税人，允许其从城市维护建设税、教育费附加和地方教育附加的计税（征）依据中扣除退还的增值税税额。

（5）自 2019 年 4 月 1 日起，同时符合以下条件（以下称符合留抵退税条件）的纳税人，可以向主管税务机关申请退还增量留抵税额：

① 自 2019 年 4 月税款所属期起，连续 6 个月（按季纳税的，连续 2 个季度）增量留抵税额均大于零，且第 6 个月增量留抵税额不低于 50 万元；

② 纳税信用等级为 A 级或者 B 级；

③ 申请退税前 36 个月未发生骗取留抵退税、出口退税或虚开增值税专用发票情形的；

④ 申请退税前 36 个月未因偷税被税务机关处罚两次及以上的；

⑤ 自 2019 年 4 月 1 日起未享受即征即退、先征后返（退）政策的。

（6）自 2019 年 6 月 1 日起，同时符合以下条件的部分先进制造业纳税人，可以自 2019 年 7 月及以后纳税申报期向主管税务机关申请退还增量留抵税额：

① 增量留抵税额（是指与 2019 年 3 月 31 日相比新增加的期末留抵税额）大于零；

② 纳税信用等级为 A 级或者 B 级；

③ 申请退税前 36 个月未发生骗取留抵退税、出口退税或虚开增值税专用发票情形；

④ 申请退税前 36 个月未因偷税被税务机关处罚两次及以上；

⑤ 自 2019 年 4 月 1 日起未享受即征即退、先征后返（退）政策的。

部分先进制造业纳税人，是指按照《国民经济行业分类》，生产并销售非金属矿物制品、通用设备、专用设备及计算机、通信和其他电子设备销售额占全部销售额的比重超过 50% 的纳税人。销售额比重根据纳税人申请退税前连续 12 个月的销售额计算确定；申请退税前经营期不满 12 个月但满 3 个月的，按照实际经营期的销售额计算确定。

（7）自 2021 年 4 月 1 日起，同时符合以下条件的先进制造业纳税人，可以自 2021 年 5 月及以后纳税申报期向主管税务机关申请退还增量留抵税额：

① 增量留抵税额（是指与 2019 年 3 月 31 日相比新增加的期末留抵税

额）大于零；

② 纳税信用等级为 A 级或者 B 级；

③ 申请退税前 36 个月未发生骗取留抵退税、出口退税或虚开增值税专用发票情形；

④ 申请退税前 36 个月未因偷税被税务机关处罚两次及以上；

⑤ 自 2019 年 4 月 1 日起未享受即征即退、先征后返（退）政策。

上述先进制造业纳税人是指按照《国民经济行业分类》，生产并销售“非金属矿物制品”“通用设备”“专用设备”“计算机、通信和其他电子设备”“医药”“化学纤维”“铁路、船舶、航空航天和其他运输设备”“电气机械和器材”“仪器仪表”销售额占全部销售额的比重超过 50% 的纳税人。销售额比重根据纳税人申请退税前连续 12 个月的销售额计算确定；申请退税前经营期不满 12 个月但满 3 个月的，按照实际经营期的销售额计算确定。

（8）自 2022 年 4 月 1 日起，加大小微企业增值税期末留抵退税政策力度，将先进制造业按月全额退还增值税增量留抵税额政策范围扩大至符合条件的小微企业（含个体工商户），并一次性退还小微企业存量留抵税额。

加大“制造业”“科学研究和技术服务业”“电力、热力、燃气及水生产和供应业”“软件和信息技术服务业”“生态保护和环境治理业”和“交通运输、仓储和邮政业”（以下称制造业等行业）增值税期末留抵退税政策力度，将先进制造业按月全额退还增值税增量留抵税额政策范围扩大至符合条件的制造业等行业企业（含个体工商户），并一次性退还制造业等行业企业存量留抵税额。

适用上述政策的纳税人需同时符合以下条件：

① 纳税信用等级为 A 级或者 B 级；

② 申请退税前 36 个月未发生骗取留抵退税、骗取出口退税或虚开增值税专用发票情形；

③ 申请退税前 36 个月未因偷税被税务机关处罚两次及以上；

④ 自 2019 年 4 月 1 日起未享受即征即退、先征后返（退）政策的。

4.8.4.2 报送资料

增值税留抵税额退税需要报送的资料见表 4–17。

表 4–17　增值税留抵税额退税报送资料

序号	报送资料	数量	备注
1	《增值税期末留抵税额退税申请表》	4 份	符合条件的集成电路重大项目增值税留抵税额退税、外购用于生产乙烯、芳烃类化工产品的石脑油、燃料油价格中消费税部分对应的增值税额退税、符合条件的大型客机和新支线飞机增值税留抵税额退税
2	《退（抵）税申请表》	4 份	符合条件的增量留抵税额退税
适用情形	条件报送资料	数量	备注
符合条件的集成电路重大项目增值税留抵税额退税	增值税专用发票复印件	1 份	
	海关进口增值税专用缴款书复印件	1 份	
	进口协议复印件	1 份	
	进口货物报关单复印件	1 份	
对外购用于生产乙烯、芳烃类化工产品的石脑油、燃料油价格中消费税部分对应的增值税额退税	增值税专用发票复印件	1 份	
	海关进口增值税专用缴款书复印件	1 份	
	购进合同复印件	1 份	
	进口货物报关单复印件	1 份	
因特殊情况不能退至纳税人、扣缴义务人原缴款账户	由于特殊情况不能退至纳税人、扣缴义务人原缴款账户的书面说明、相关证明资料和指定接受退税的其他账户及接受退税单位（人）名称的资料	1 份	

4.8.4.3　**办理结果**

（1）纳税人符合留抵退税条件，且不存在增值税涉税风险疑点、被税务稽查立案且未结案、增值税申报比对异常未处理、取得增值税异常扣税凭证未处理等增值税风险疑点情形的，获取税务机关出具的准予留抵退税的《税务事项通知书》。

（2）纳税人不符合留抵退税条件的，不予留抵退税。纳税人获取税务机关出具的不予留抵退税的《税务事项通知书》。

（3）暂停（终止）办理留抵退税。对于符合退税条件，但纳税人存在增值税涉税风险疑点，或存在未处理的相关涉税事项等情形的，明确先暂停为其办理留抵退税。

① 如果风险疑点排除且相关事项处理完毕，仍符合留抵退税条件的，税务机关继续为其办理留抵退税；

② 如果风险疑点排除且相关事项处理完毕后，不再符合留抵退税条件的，税务机关不予办理留抵退税；

③ 如果在进行风险排查时，发现纳税人涉嫌增值税重大税收违法的，终止为其办理留抵退税。在税务机关对纳税人涉嫌增值税重大税收违法问题核实处理完毕后，纳税人仍符合留抵退税条件的，可重新申请办理留抵退税。

（4）暂停办理留抵退税的增值税涉税风险疑点等情形排除，相关事项处理完毕的，按以下规定办理：

① 纳税人仍符合留抵退税条件的，税务机关继续为其办理留抵退税，在增值税涉税风险疑点等情形排除且相关事项处理完毕后，纳税人获取税务机关出具的准予留抵退税的《税务事项通知书》。

② 纳税人不再符合留抵退税条件的，不予留抵退税。在增值税涉税风险疑点等情形排除且相关事项处理完毕后，纳税人获取税务机关出具不予留抵退税的《税务事项通知书》。

（5）纳税人涉嫌骗取出口退税、虚开增值税专用发票等增值税重大税收违法行为的，终止办理留抵退税。纳税人获取税务机关出具的终止办理留抵退税的《税务事项通知书》。

温馨提示

（1）增量留抵税额的确定：

① 纳税人获得一次性存量留抵退税前，增量留抵税额为当期期末留抵税额与 2019 年 3 月 31 日相比新增加的留抵税额。

② 纳税人获得一次性存量留抵退税后，增量留抵税额为当期期末留抵税额。

（2）存量留抵税额的确定：

① 纳税人获得一次性存量留抵退税前，当期期末留抵税额大于或等于 2019 年 3 月 31 日期末留抵税额的，存量留抵税额为 2019 年 3 月 31 日期末留抵税额；当期期末留抵税额小于 2019 年 3 月 31 日期末留抵税额的，存量留抵税额为当期期末留抵税额。

② 纳税人获得一次性存量留抵退税后，存量留抵税额为零。

（3）小微企业和制造业等行业，按照以下公式计算允许退还的留抵税额：

允许退还的增值税增量（或存量）留抵税额 = 增量（或存量）留抵税额 × 进项构成比例 ×100%

进项构成比例，为 2019 年 4 月至申请退税前一税款所属期已抵扣的增值税专用发票（含带有“增值税专用发票”字样全面数字化的电子发票、税控机动车销售统一发票）、收费公路通行费增值税电子普通发票、海关进口增值税专用缴款书、解缴税款完税凭证注明的增值税额占同期全部已抵扣进项税额的比重。

（4）符合条件的小微企业，可以自 2022 年 4 月纳税申报期起向主管税务机关申请退还增量留抵税额。

符合条件的微型企业，可以自 2022 年 4 月纳税申报期起向主管税务机关申请一次性退还存量留抵税额。符合条件的小型企业，可以自 2022 年 5 月纳税申报期起向主管税务机关申请一次性退还存量留抵税额。

（5）符合条件的集成电路重大项目增值税留抵税额退税，对外购用于生产乙烯、芳烃类化工产品的石脑油、燃料油价格中消费税部分对应的增值税额退税，纳税人应于每月申报期结束后10个工作日内向主管税务机关申请退税。其他符合条件的纳税人申请办理留抵退税，应于符合留抵退税条件的次月起，在增值税纳税申报期内，完成本期增值税纳税申报后，提出申请。

（6）纳税人出口货物劳务、发生跨境应税行为，适用免抵退税办法的，应先办理免抵退税。免抵退税办理完毕后，仍符合规定条件的，可以申请退还留抵税额；适用免退税办法的，相关进项税额不得用于退还留抵税额。

（7）纳税人自2019年4月1日起已取得留抵退税款的，不得再申请享受增值税即征即退、先征后返（退）政策。纳税人可以在2022年10月31日前一次性将已取得的留抵退税款全部缴回后，按规定申请享受增值税即征即退、先征后返（退）政策。

纳税人自2019年4月1日起已享受增值税即征即退、先征后返（退）政策的，可以在2022年10月31日前一次性将已退还的增值税即征即退、先征后返（退）税款全部缴回后，按规定申请退还留抵税额。

（8）纳税人可以选择向主管税务机关申请留抵退税，也可以选择结转下期继续抵扣。纳税人应在纳税申报期内，完成当期增值税纳税申报后申请留抵退税。2022年4月至6月的留抵退税申请时间，延长至每月最后一个工作日。

纳税人同时符合申请增量留抵退税和存量留抵退税政策条件的，可以在规定期限内任意选择申请适用相关留抵退税政策。

（9）纳税人取得退还的留抵税额后，应相应调减当期留抵税额。如果发现纳税人存在留抵退税政策适用有误的情形，纳税人应在下个纳税申报期结束前缴回相关留抵退税款。以虚增进项、虚假申报或其他欺骗手段，骗取留抵退税款的，由税务机关追缴其骗取的退税款，并按照《中华人民共和国税收征收管理法》等有关规定处理。

【案例 4-9】

A 公司为一家小型企业，2019 年 3 月 31 日的期末留抵税额为 120 万元，2022 年 4 月 30 日的期末留抵税额为 80 万元，2019 年 5 月至 2022 年 4 月取得增值税专用发票抵扣进项税额 95 万元，取得国内旅客运输服务增值税电子普通发票抵扣进项税额 5 万元。A 公司满足政策规定留抵退税的各项条件，则 2022 年 5 月申请一次性退还存量留抵税额可以退还多少？

解析：

根据《财政部　税务总局关于进一步加大增值税期末留抵退税政策实施力度的公告》（财政部　税务总局公告 2022 年第 14 号）的规定，进项构成比例，为 2019 年 4 月至申请退税前一税款所属期已抵扣的增值税专用发票（含带有“增值税专用发票”字样全面数字化的电子发票、税控机动车销售统一发票）、收费公路通行费增值税电子普通发票、海关进口增值税专用缴款书、解缴税款完税凭证注明的增值税额占同期全部已抵扣进项税额的比重。

A 公司进项构成比例 = 95 ÷（95 + 5）× 100%= 95%

允许退还的存量留抵税额 = 存量留抵税额 × 进项构成比例 × 100% = 80 × 95% × 100% = 80 × 95% × 100% = 76（万元）

A 公司《退（抵）税申请表》填写示例见表 4-18。

表 4-18　《退（抵）税申请表》填写示例

退（抵）税申请表

金额单位：元

申请人名称	A 公司	纳税人☑	扣缴义务人□
纳税人名称	A 公司	统一社会信用代码（纳税人识别号）	

续表

<table>
<tr><td>联系人</td><td colspan="3"></td><td colspan="2">联系电话</td><td colspan="2"></td></tr>
<tr><td>申请退税类型</td><td colspan="3">汇算结算退税 □
误收退税 □
留抵退税 ☑</td><td colspan="2">纳税信用等级</td><td colspan="2">A 级</td></tr>
<tr><td colspan="8">二、留抵退税</td></tr>
<tr><td>留抵退税申请文件依据</td><td colspan="3">□《财政部　税务总局　海关总署关于深化增值税改革有关政策的公告》（2019 年第 39 号）

☑《财政部　税务总局关于进一步加大增值税期末留抵退税政策实施力度的公告》（2022 年第 14 号）</td><td colspan="2">退税企业类型</td><td colspan="2">☑小微企业
□ 微型企业
☑小型企业
□特定行业
□制造业
□科学研究和技术服务业
□电力、热力、燃气及水生产和供应业
□软件和信息技术服务业
□生态保护和环境治理业
□交通运输、仓储和邮政业
□一般企业</td></tr>
<tr><td>申请退还项目</td><td colspan="7">☑存量留抵税额　□增量留抵税额</td></tr>
<tr><td rowspan="2">企业经营情况</td><td>国民经济行业</td><td>××××</td><td>营业收入</td><td>××××</td><td>资产总额</td><td colspan="2">××××</td></tr>
<tr><td>企业划型</td><td colspan="6">□微型企业　☑小型企业　□中型企业　□大型企业</td></tr>
<tr><td rowspan="2">留抵退税申请类型</td><td colspan="2">1. 退税企业类型勾选“一般企业”</td><td colspan="5">连续六个月（按季纳税的，连续两个季度）增量留抵税额均大于零的起止时间：
×××× 年 ×× 月至 ×× ×× 年 ×× 月</td></tr>
<tr><td colspan="2">2. 退税企业类型勾选“特定行业”</td><td colspan="5">______年___月至______年___月，从事《国民经济行业分类》中“制造业”“科学研究和技术服务业”“电力、热力、燃气及水生产和供应业”“软件和信息技术服务业”“生态保护和环境治理业”和“交通运输、仓储和邮政业”业务相应发生的增值税销售额______元，同期全部销售额______元，占比____%。</td></tr>
<tr><td rowspan="4">留抵退税申请条件</td><td colspan="6">申请退税前 36 个月未发生骗取留抵退税、骗取出口退税或虚开增值税专用发票情形</td><td>是☑ 否□</td></tr>
<tr><td colspan="6">申请退税前 36 个月未因偷税被税务机关处罚两次及以上</td><td>是☑ 否□</td></tr>
<tr><td colspan="6">2019 年 4 月 1 日起未享受即征即退、先征后返（退）政策</td><td>是☑ 否□</td></tr>
<tr><td colspan="6">出口货物劳务、发生跨境应税行为，适用免抵退税办法</td><td>是□ 否☑</td></tr>
</table>

续表

<table>
<tr><td rowspan="13">留抵退税计算</td><td colspan="2">本期已申报免抵退税应退税额</td><td></td></tr>
<tr><td colspan="2">申请退税前一税款所属期的增值税期末留抵税额</td><td>800000</td></tr>
<tr><td colspan="2">2019 年 3 月期末留抵税额</td><td>1200000</td></tr>
<tr><td colspan="2">存量留抵税额</td><td>800000</td></tr>
<tr><td rowspan="6">2019 年 4 月至申请退税前一税款所属期</td><td>已抵扣的增值税专用发票（含带有“增值税专用发票”字样全面数字化的电子发票、税控机动车销售统一发票）、收费公路通行费增值税电子普通发票注明的增值税额</td><td>950000</td></tr>
<tr><td>已抵扣的海关进口增值税专用缴款书注明的增值税额</td><td></td></tr>
<tr><td>已抵扣的解缴税款完税凭证注明的增值税额</td><td></td></tr>
<tr><td>全部已抵扣的进项税额</td><td>950000</td></tr>
<tr><td>进项构成比例</td><td>100%</td></tr>
<tr><td colspan="2">本期申请退还的期末留抵税额</td><td>760000</td></tr>
<tr><td colspan="2">其中：本期申请退还的存量留抵税额</td><td>760000</td></tr>
<tr><td colspan="2">本期申请退还的增量留抵税额</td><td></td></tr>
</table>

4.8.5　石脑油、燃料油消费税退税

4.8.5.1　事项概述

在我国境内使用石脑油、燃料油生产乙烯、芳烃类化工产品的企业，包括将自产石脑油、燃料油用于连续生产乙烯、芳烃类化工产品的企业和将外购的含税石脑油、燃料油用于生产乙烯、芳烃类化工产品的企业，且生产的乙烯、芳烃类化工产品产量占本企业用石脑油、燃料油生产全部产品总量的 50%（含）以上的，可按实际耗用量计算退还已缴纳的消费税。

4.8.5.2　报送资料

办理石脑油、燃料油消费税退税需要报送的资料见表 4–19。

表 4-19　　　　　　石脑油、燃料油消费税退税报送资料

序号	报送资料	数量	备注
1	《用于生产乙烯、芳烃类化工产品的石脑油、燃料油消费税应退税额计算表》	3 份	
适用情形	**条件报送资料**	**数量**	**备注**
使用企业初次向主管税务机关申请进口消费税退税的，如前期已向海关申请办理过退税事项	上月进口地海关受理的《石脑油、燃料油生产、外购、耗用、库存月度统计表》	1 份	
首次办理或条件发生变化时	《石脑油、燃料油消费税退税资格备案表》	1 份	
	安全生产监督管理部门颁发的相关产品《危险化学品安全生产许可证》复印件	1 份	
	石脑油、燃料油用于生产乙烯、芳烃类化工产品的工艺设计方案、装置工艺流程以及相关生产设备情况复印件	1 份	
	石脑油、燃料油用于生产乙烯、芳烃类化工产品的物料平衡图复印件	1 份	
	原料储罐、产成品储罐和产成品仓库的分布图、用途、储存容量的相关资料复印件	1 份	
	乙烯、芳烃类化工产品生产装置的全部流量计的安装位置图和计量方法说明，以及原材料密度的测量和计算方法说明复印件	1 份	
	上一年度用石脑油、燃料油生产乙烯、芳烃类化工产品的分品种的销售明细表	1 份	
因特殊情况不能退至纳税人、扣缴义务人原缴款账户	由于特殊情况不能退至纳税人、扣缴义务人原缴款账户的书面说明，相关证明资料和指定接受退税的其他账户及接受退税单位（人）名称的资料	1 份	

4.8.5.3 办理结果

纳税人获取税务机关出具的《税务事项通知书》。

温馨提示

（1）使用企业申请退税的国内采购的含税石脑油、燃料油，应取得增值税专用发票或普通版增值税专用发票，发票应注明石脑油、燃料油及数量。未取得、未认证或发票未注明石脑油、燃料油及数量的，不予退税。

（2）使用企业发生下列行为之一的，主管税务机关暂停或取消使用企业的退（免）税资格：

① 注销税务登记的，取消退（免）税资格；

② 主管税务机关实地核查结果与使用企业申报的备案资料不一致的，暂停或取消退（免）资格；

③ 使用企业不再以石脑油、燃料油生产乙烯、芳烃类化工产品或不再生产乙烯、芳烃类化工产品的，经申请取消退（免）税资格；

④ 经税务机关检查发现存在骗取国家退税款的，取消退（免）税资格；

⑤ 未办理备案变更登记备案事项，经主管税务机关通知在 30 日内仍未改正的，暂停退（免）税资格；

⑥ 未按月向主管税务机关报送《石脑油、燃料油生产、外购、耗用、库存月度统计表》和《乙烯、芳烃生产装置投入产出流量计统计表》《使用企业外购石脑油、燃料油凭证明细表》的，暂停退（免）税资格；

⑦ 不接受税务机关的产品抽检，不能提供税务机关要求的检测报告的，暂停退（免）税资格。

（3）除出口退税以外，纳税人既有应退税款又有欠缴税款的，税务机关可以将纳税人的应退税款和利息先抵扣欠缴的税款；抵扣后有余额的，纳税人可以申请办理应退余额的退库。

4.8.6　车辆购置税退税

4.8.6.1　事项概述

已缴纳车辆购置税的车辆，发生车辆退回生产企业或者经销商的，符合免、减税条件但已征税的，以及其他依据法律法规规定应予退税情形的，纳税人向税务机关申请退还已缴纳的车辆购置税。

4.8.6.2　报送资料

办理车辆购置税退税需要报送的资料见表 4–20。

表 4–20　　车辆购置税退税报送资料

序号	报送资料	数量	备注
1	《车辆购置税退税申请表》	3 份	
2	纳税人身份证明原件和复印件	1 份	原件查验后退回
适用情形	**条件报送资料**	**数量**	**备注**
车辆退回生产企业或者经销商	生产企业或经销商开具的退车证明和退车发票	1 份	
因特殊情况不能退至纳税人、扣缴义务人原缴款账户	由于特殊情况不能退至纳税人、扣缴义务人原缴款账户的书面说明，相关证明资料和指定接受退税的其他账户及接受退税单位（人）名称的资料	1 份	

4.8.6.3　办理结果

纳税人获取税务机关出具的《税务事项通知书》。

温馨提示

（1）纳税人身份证明具体是指：单位纳税人为《统一社会信用代码证书》，或者营业执照或者其他有效机构证明；个人纳税人为居民身份证，或者居民户口簿或者入境的身份证件。

（2）已征车辆购置税的车辆退回车辆生产或销售企业，纳税人申请退还车辆购置税的，应退税额计算公式如下：

应退税额 = 已纳税额 ×（1 − 使用年限 ×10%）

应退税额不得为负数。

使用年限的计算方法是，自纳税人缴纳税款之日起，至申请退税之日止。未满 1 年的，按已缴纳税款全额退税。

其他退税情形，纳税人申请退税时，主管税务机关依据有关规定计算退税额。

（3）除出口退税以外，纳税人既有应退税款又有欠缴税款的，税务机关可以将纳税人的应退税款和利息先抵扣欠缴的税款；抵扣后有余额的，纳税人可以申请办理应退余额的退库。

（4）自 2020 年 2 月 1 日起，国家税务总局在上海市、江苏省、浙江省、宁波市四个地区（以下简称试点地区）试点应用机动车销售统一发票电子信息（以下简称发票电子信息）办理车辆购置税业务；自 2020 年 6 月 1 日起，将应用发票电子信息办理车辆购置税业务的机制扩大到全国其他地区（以下简称其他地区）。试点地区自 2020 年 2 月 1 日起、其他地区自 2020 年 6 月 1 日起，纳税人购置并已完税的应税车辆，纳税人申请车辆购置税退税时，税务机关核对纳税人提供的退车发票与发票电子信息无误后，按规定办理退税；核对不一致的，纳税人换取合规的发票后，依法办理退税申报；没有发票电子信息的，销售方向税务机关传输有效发票电子信息后，纳税人依法办理退税申报。

【案例 4-10】

2021 年 8 月，A 货运公司采购了一台重型货车，已办理车辆登记。9 月，该货车的生产商发现该型号货车存在严重安全隐患，将车辆全部召回，并对已购车主进行退款。A 货运公司在采购该货车时缴纳了车辆购置税 13000 元，发生车辆退回后，如何申请退税？

解析：

A货运公司应当报送《车辆购置税退税申请表》3份、纳税人身份证明、生产企业或经销商开具的退车证明和退车发票。

《车辆购置税退税申请表》填写示例见表4–21。

表4–21　　《车辆购置税退税申请表》填写示例

车辆购置税退税申请表

填表日期：2021年10月×日　　金额单位：元

<table>
<tr><td colspan="2">纳税人名称</td><td colspan="2">A货运公司</td><td>证件名称</td><td colspan="3">营业执照</td></tr>
<tr><td colspan="2">联系电话</td><td colspan="2">×××××××××××</td><td>证件号码</td><td colspan="3">××××××××××××××××××</td></tr>
<tr><td colspan="2">开户银行</td><td>××银行</td><td>开户账号</td><td>×××××××××××××</td><td>户　名</td><td colspan="2">×××</td></tr>
<tr><td colspan="2">车辆识别代号（车架号）</td><td colspan="2">××××××</td><td>已缴纳车辆购置税税款</td><td colspan="3">13000</td></tr>
<tr><td colspan="2">购置日期</td><td colspan="2">2021年8月×日</td><td>申请退税额</td><td colspan="3">13000</td></tr>
<tr><td rowspan="2">退税原因代码</td><td rowspan="2">A</td><td rowspan="2" colspan="2">A．车辆退回生产企业或者销售企业：按照已缴纳税款每满1年扣减10%计算退税额；未满1年的，按已缴纳税款全额退税。</td><td>购车已满年限</td><td>扣减比例</td><td>退车发票代码</td><td>退车发票号码</td></tr>
<tr><td>0</td><td>0</td><td>××××××</td><td>××××××</td></tr>
</table>

4.8.7　车船税退抵税

4.8.7.1　事项概述

已经缴纳车船税的车船，因质量原因被退回生产企业或者经销商的，纳税人可以向税务机关申请退还自退货月份起至该纳税年度终了期间的税款。

在一个纳税年度内，已完税的车船被盗抢、报废、灭失的，纳税人可以凭有关管理机关出具的证明和完税证明，向纳税所在地的主管税务机关申请退还自被盗抢、报废、灭失月份起至该纳税年度终了期间的税款。

纳税人在购买交强险时，已由扣缴义务人代收代缴车船税，车辆登记地主管税务机关再次征收的，纳税人可向车辆登记地主管税务机关申请退还已经缴纳的车船税。

4.8.7.2　报送资料

办理车船税退抵税需要报送的资料见表 4-22。

表 4-22　　车船税退抵税报送资料

序号	报送资料	数量	备注
1	《退（抵）税申请表》	4 份	
2	车船税完税凭证	1 份	查验后退回
适用情形	**条件报送资料**	**数量**	**备注**
由于特殊情况不能退至纳税人、扣缴义务人原缴款账户	由于特殊情况不能退至纳税人、扣缴义务人原缴款账户的书面说明，相关证明资料，指定接受退税的其他账户及接受退税单位（人）名称的资料	1 份	
已完税的车船被盗抢、报废、灭失的	有关管理机关出具的证明	1 份	

4.8.7.3　办理结果

纳税人获取税务机关出具的《税务事项通知书》。

温馨提示

（1）已经缴纳车船税的车船，因质量原因被退回生产企业或者经销商的，纳税人可申请退还税款的“退货月份”以退货发票所载日期的当月为准。

（2）对因质量原因，车船被退回生产企业或者经销商的，由主管税务机关办税服务厅（场所）受理纳税人申请。对已由扣缴义务人代收代缴车船税，车辆登记地主管税务机关再次征收的，纳税人向再次征收的税务机关办税服务厅（场所）提交退税申请。

（3）除出口退税以外，纳税人既有应退税款又有欠缴税款的，税务机关可以将纳税人的应退税款和利息先抵扣欠缴的税款；抵扣后有余额的，纳税人可以申请办理应退余额的退库。

（4）已办理退税的被盗抢车船失而复得的，纳税人应当从公安机关出具相关证明的当月起计算缴纳车船税。

【案例 4-11】

A 快递公司于外地车展期间购买了新型货车 1 辆，已在车展当地购买交强险时缴纳了车船税。回到机构所在地办理车辆登记时，主管税务机关再次征收了该车的车船税。A 公司财务人员发现重复缴纳后，应如何申请退税？

解析：

A 公司可以就该车重复缴纳的车船税申请退还。A 公司应提供《退（抵）税申请表》4 份、车船税完税凭证。

5 证明开具

李小微的企业虽然规模小，但凭借着良好的品牌打造、创新的商业模式，在当地已经小有名气，甚至还上了报纸。李小微得意之余，也在思考着如何进一步做大做强。这天，该市开发区招商局的工作人员来写字楼调研新兴企业，发现了上过报纸的李小微的公司，特意登门拜访。李小微哪里想到自己的企业会受到这般礼遇，心里真是既激动又忐忑。

原来，李小微的企业业务正是该市开发区的一个空白点，开发区对于这类小微企业有很优厚的落户政策，极力邀请李小微到新建的科技园区去开一家分公司。李小微一听，这和自己扩大规模、拓展业务的想法不谋而合啊！于是，他详细询问了申请适用招商引资政策所需的条件和材料，热情地送走了来访的工作人员。

李小微一边查阅着企业的财务数据和资质，一边逐条对比着招商引资政策。看到还需要提供企业从设立以来的纳税记录，李小微决定打个电话给王小税，分享好消息，同时也咨询一下。

王小税接到电话后，也为自己的好友感到高兴，说道："你这一路走来的辛苦慢慢都会有回报的。你只需要确定开具证明的税种和时间段，就可以通过电子税务局或者自助终端打印纳税记录，不用到办税服务厅排队，而且便于保存。"

纳税证明是小微企业在生产经营活动中，因需要制作会计核算凭证、说明自身完税情况等原因，向税务机关申请出具的对其资产、行为、收入征（免）税情况和税收管理情况的要式证明。本章所归集的纳税证明事项包括：开具税收完税证明、开具个人所得税纳税记录、转开印花税票销售凭证。

5.1 开具税收完税证明

5.1.1 事项概述

税收完税证明是税务机关为证明纳税人已经缴纳税款或者已经退还纳税人税款而开具的凭证。纳税人符合下列情形之一的，可以申请开具税收完税证明：

（1）通过横向联网电子缴税系统划缴税款到国库（经收处）后或收到从国库退还的税款后，当场或事后需要取得税收票证的；

（2）扣缴义务人代扣、代收税款后，已经向纳税人开具税法规定或国家税务总局认可的记载完税情况的其他凭证，纳税人需要换开正式完税凭证的；

（3）纳税人遗失已完税的各种税收票证（《出口货物完税分割单》、印花税票和《印花税票销售凭证》除外），需要重新开具的；

（4）对纳税人特定期间完税情况出具证明的；

（5）国家税务总局规定的其他需要为纳税人开具完税凭证情形。

5.1.2 报送资料

申请开具税收完税证明需要报送的资料见表 5–1。

表 5–1　　　　开具税收完税证明报送资料

适用情形	条件报送资料	数量	备注
已办理税务登记的纳税人	加载统一社会信用代码的营业执照（或税务登记证、组织机构代码证等）原件	1 份	查验后退回
自然人	身份证件原件	1 份	查验后退回

续表

适用情形	条件报送资料	数量	备注
在证券交易场所和证券登记结算机构扣缴证券交易印花税后需要换开正式完税凭证的	加盖开具单位的相关业务章戳的成交过户交割凭单或过户登记确认书复印件	1份	
开具通过保险机构缴纳车船税完税凭证的	记载车船税完税情况的交强险保险单复印件	1份	
储蓄机构扣缴储蓄存款利息所得税后，需要换开税收完税证明的	记载储蓄存款利息所得税完税情况的利息清单	1份	

5.1.3 办理结果

税务机关受理后，开具《中华人民共和国税收完税证明》交纳税人。

温馨提示

（1）税收完税证明分为表格式和文书式两种。

通过横向联网电子缴税系统划缴税款到国库（经收处）后或收到从国库退还的税款后，当场或事后需要取得税收票证的，扣缴义务人代扣、代收税款后，已经向纳税人开具税法规定或国家税务总局认可的记载完税情况的其他凭证，纳税人需要换开正式完税凭证的，纳税人遗失已完税的各种税收票证（《出口货物完税分割单》、印花税票和《印花税票销售凭证》除外），需要重新开具的以及国家税务总局规定的其他需要为纳税人开具完税凭证情形的情况，开具的税收完税证明为表格式。

对纳税人特定期间完税情况出具证明的，开具的税收完税证明为文书式，文书式税收完税证明不得作为纳税人的记账或抵扣凭证。

（2）纳税人遗失《出口货物完税分割单》、印花税票和《印花税票销售凭证》不能重新开具。

（3）纳税人提供加盖开具单位的相关业务章戳的成交过户交割凭单或过户登记确认书，并注明应予扣收税款的计税金额、税率和扣收税款的金额，可以向证券交易场所和证券登记结算机构所在地的主管税务机关申请开具印花税完税证明。

（4）纳税人通过保险机构缴纳车船税完税凭证，需要开具完税证明的，应当向保险机构所在地的主管税务机关提出申请。

（5）纳税人通过电子缴税系统缴纳税款后，银行可以为纳税人打印《电子缴税付款凭证》，纳税人可以通过电子税务局自行开具《电子缴款凭证》。经银行确认并加盖收讫章的《电子缴税付款凭证》、与银行对账单核对无误的《电子缴款凭证》可以作为纳税人的记账核算凭证。

（6）个人所得税纳税人就税款所属期为 2019 年 1 月 1 日（含）以后缴（退）税情况申请开具证明的，税务机关为其开具个人所得税《纳税记录》，不再开具税收完税证明（文书式）。

5.2 开具个人所得税纳税记录

5.2.1 事项概述

2019 年 1 月 1 日以后个人所得税纳税人取得应税所得并由扣缴义务人向税务机关办理了全员全额扣缴申报，或根据税法规定自行向税务机关办理了纳税申报的，不论是否实际缴纳税款，均可以申请开具个人所得税《纳税记录》。

5.2.2 报送资料

个人所得税纳税人申请开具个人所得税《纳税记录》需要报送的资料见表 5–2。

表 5–2　　开具个人所得税《纳税记录》报送资料

序号	报送资料	数量	备注
1	经办人身份证明原件	1 份	查验后退回
适用情形	条件报送资料	数量	备注
委托他人代为开具	受托人身份证件原件	1 份	查验后退回
	委托人书面授权资料	1 份	

5.2.3 办理结果

税务机关受理后，开具个人所得税《纳税记录》，纳税人通过自然人税收管理系统申请开具的，可自行打印个人所得税《纳税记录》。

温馨提示

（1）扣缴义务人未实现个人所得税全员全额扣缴明细申报的，将会导致税务机关不能获取申请人纳税情况而无法开具。

（2）纳税人对个人所得税《纳税记录》存在异议的，可以向该项记录中列明的税务机关申请核实。

（3）税务机关提供两种个人所得税《纳税记录》验证服务。一是通过手机个人所得税 App《纳税记录》；二是通过自然人税收管理系统输入个人所得税《纳税记录》中的验证码进行验证。

（4）个人所得税《纳税记录》不作为纳税人记账、抵扣凭证。

5.3 转开印花税票销售凭证

5.3.1 事项概述

纳税人通过横向联网方式完成印花税款的缴纳或退还后，可向主管税务机关申请开具《中华人民共和国印花税票销售凭证》（证明凭证）。

5.3.2 报送资料

纳税人申请开具《中华人民共和国印花税票销售凭证》（证明凭证）需要报送的资料见表 5–3。

表 5–3 开具《中华人民共和国印花税票销售凭证》（证明凭证）报送资料

适用情形	条件报送资料	数量	备注
已办理税务登记的纳税人	加载统一社会信用代码的营业执照（或税务登记证、组织机构代码证等）原件	1 份	查验后退回
自然人	身份证件原件	1 份	查验后退回

5.3.3 办理结果

税务机关受理后，开具《中华人民共和国印花税票销售凭证》（证明凭证）。